启示录 钢琴

Piano Mastery

31位
钢琴家的经验之谈

Talks with Master Pianists and Teachers

[美] 哈利埃特·布劳尔 / 著

倪宇新 / 译

广西师范大学出版社
·桂林·

译者序

二十世纪初期，哈利埃特·布劳尔在《美国音乐》（*Musical America*）杂志主编的影响和建议下，开启了世界范围内的古典钢琴家访谈之旅，并于 1915 年在美国纽约弗雷德里克·A. 斯托克斯公司（Frederick A. Stokes Company）出版了本书。受邀者遍及当时享誉西方古典钢琴乐界的著名钢琴演奏家和钢琴教育家，这些文章幸而得以整理、编辑成书，成为古典钢琴史上宝贵的学习参考资料。

全书收录三十一篇访谈文章，布劳尔以极其直观的角度和大家详细分享了这些钢琴家的观点，包括他们对于弹奏方法、音乐基础要素、技术要点，以及音乐性处理等内容的看法。全书通过钢琴家们各自独到的职业经历及教学经验，给予广大钢琴学者及钢琴教师宝贵的启示，其中囊括了这些钢琴家不同的弹奏方法及学派特点，使读者能够看到钢琴教学方法的多元性和包容性，从而避免一味地拘泥于某种特定的方式方法或学派。

在这本书中，布劳尔以访谈的形式和视角自由切换的描述方式，将读者带回那个栩栩如生的年代。作者深入浅出的写作风格，使她与受访者的专业对话更容易被读者理解，让读者能够深刻地了解和认识这些钢琴家及他们的教学方法。以第一篇《伊格纳西·扬·帕德雷夫斯基》为例。布劳尔在介绍帕德雷夫斯基的艺术魅力及其现场演奏之余，通过采访他的两位学生——安托瓦内特·苏莫夫丝卡及西吉斯蒙德·斯托约夫斯基，带领我们以第三视角更清晰地了解到帕德雷夫斯基本人的教学模式和方法，而这样重要的历史资料在此之前还未见被整理成书。

再以第二十九篇《汉斯·冯·彪罗：作为钢琴教师和钢琴演奏家》为例。汉斯·冯·彪罗是十九世纪伟大的钢琴家，我们比较熟知的也许是他编辑了克拉莫的钢琴练习曲。但在本书中，布劳尔不仅提及他曾编辑过肖邦和贝多芬的钢琴作品，可以为我们所借鉴，更为重要的是，作者还在书中以第一视角从性情、演奏、教学等方面较为仔细地描述了冯·彪罗是怎样一位钢琴家。在这篇文章中，布劳尔带领我们回到了二十世纪八十年代柏林的钢琴大师班，了解到冯·彪罗的许多教学方法，以及他对于李斯特、拉夫、门德尔松、勃拉姆斯等作曲家的钢琴作品的演奏分析与见解。这些内容都是较为重要的学术信息，有着宝贵的价值。因此，在整个翻译过程中，读到某些地方，我常常会感叹这些访谈的绝妙之处，以及布劳尔文字间营造出的精妙的画面感。

我在美读博期间，一直研习钢琴演奏与钢琴教学法。初次接触到这本书，便意识到该书不仅具有宝贵的教学价值，同时又具有较为重要的历史价值。回国到广西艺术学院钢琴教育系工作后，我便着手该书的翻译工作。很荣幸能够与广西师范大学出版社合作，也在此感谢广西师范大学出版社音乐编辑组的徐妍编辑对于该书出版工作的支持与推进。希望这些极具价值的访谈内容能够获得更多国内钢琴学者的关注，也希望越来越多的钢琴学生能够通过该书认识到钢琴练习方法与演奏中的多元与包容。

倪宇新

2022 年 4 月 19 日于广西艺术学院湖边琴房

序言

　　受《美国音乐》杂志主编的影响与建议，作者有幸取得了接下来的"访谈"机会，几乎全部的音乐家都是主编建议采访的，只有一两个例外。他们带着帮助钢琴教师和学生的想法和愿望，不断努力地推进这件事情。

　　由于持续地收到世界各国学者发来的请求，要求把这些采访编辑成书，作者决定请艺术家们在访谈之上再增添一些内容。不过只有部分切实可行，很多文章还是很大程度上保留了访谈原本的内容。

　　1913 年的夏天，我们见证了一场名副其实的音乐巡礼。我们访问著名的艺术家们的居所，见证了一个个里程碑，他们慷慨地牺牲了自己的时间与我们分享他们的演奏和教学方法。

　　访谈的执行带给作者很大的满足感和乐趣。作者期待能够把这些收获也带给自己祖国的艺术工作者们。

　　书中呈现的顺序即为当年访谈的顺序。

哈利埃特·布劳尔

目　录

1. 伊格纳西·扬·帕德雷夫斯基

Ignace Jan Paderewski

伊格纳西·扬·帕德雷夫斯基可谓是现今技艺最非凡的钢琴大师之一了。那些有幸在美国听到他首演的人们将永远忘不了这样绝妙的经历。这位波兰的艺术家征服了新的世界，就像他曾获得过许多国家古典乐界的认可。他的名字从此开始变得家喻户晓，从一个大洲传到另一个大洲。这位音乐王子在美国举办了巡演，处处都是欢迎和敬仰的声音。他的每一场演奏都在加深人们对他精湛的艺术造诣的崇敬。

　　人们常常会发出疑问：为什么帕德雷夫斯基可以如此吸引听众，无论是喜欢古典乐的还是没有深入理解古典乐的人都能够欣赏到他的魅力？无论他在哪里演出，观众总是同样地寂静，同样地全神贯注，同样地为他的音乐着迷。这个现象极大程度上归功于他的外在形象和风度。他越是周到细致，越是给人深邃的感觉。他是一个在技术和音乐表现上受过良好训练的人，并且清晰地知道该如何处理巴赫、贝多芬、肖邦、舒曼和李斯特的作品。但是，仅仅这些还并不能让观众为之着迷，因为这样程度和水平的艺术家大有人在。当然还有一个很重要的因素便是帕德雷夫斯基华美的音色，你可以从他的音乐中清晰地听到丰富的力度与色彩的变幻，且他的音乐有着极其重要的丰富的层次感，以致听众深深为其着迷。因此，即使他常常重复演奏一些作品，人们也并不介怀。比如说，那首半音阶幻想曲与赋格演奏了很多次，但在他的演奏下，这首作品却成为不折不扣的关于生命与命运的独白，每一次演奏都带着不同的理解与美。就舒曼的《蝴蝶》或者肖邦的夜曲而言，有谁的演奏曾超越他的诗意解读？他编织了真正的爱与天堂般的梦幻诗歌。有谁可以忘记他在李斯特狂想曲中所展现的惊人的力量和强大的效果？尤其是那首第二号作品。当帕德雷夫斯基初次出现在我们面前，在他闪闪发光的年轻男子气宇下，他便用他无与伦比的双手向我们展示了钢琴究竟是多么宏伟的乐器。他在展现精湛技术的同时，又展现了音乐的精妙以及鲁宾斯坦一般的力量。他用他直击要害的、发自内心深处的声音，以及那诗意且美好的音乐诠释向我们证实了他可以用这强烈的情感穿透灵魂的最深处。

伊格纳西·扬·帕德雷夫斯基

帕德雷夫斯基是作为一名作曲家和钢琴演奏家被大众熟知的，但他甚少有时间用于钢琴教学。波兰钢琴家和音乐教师安托瓦内特·苏莫夫丝卡（Antoinette Szumowska）曾被认为是他"唯一的学生"。另一位波兰作曲家、钢琴家和钢琴教师西吉斯蒙德·斯托约夫斯基（Sigismond Stojowski）也曾拜师于帕德雷夫斯基门下。两位都可以见证他作为钢琴教师的重要价值。

苏莫夫丝卡夫人说：

"帕德雷夫斯基在连奏时习惯于用手指尖承受很多的力量，并主张任何时候都要带着清晰、饱满的音色深触键，并总要从慢练开始。对于力量训练，他主张寻找手与琴键相对抗的力量，每个手指下键的同时，手腕保持稳定并尽量放低，在此过程中尝试尽可能地获得更大的声音。"

"帕德雷夫斯基建议在弹奏音阶与和弦的过程中做重音练习，例如，加重音阶与和弦练习中每一组的第三个音，使得每一个手指都能够有机会去做带有推动力的重音练习。这样的练习会使各手指的下键力量更加均匀。在双音练习，比如三度和六度的练习中，应该先将左右手分开，采取分手练习的方法，并保持连奏。在八度练习中应当保持手腕放松，并采用断奏的方法练习。还有一个预备练习是关于大拇指的。大拇指总是应该保持指关节圆润弯曲，并应当用指尖下键，以便和其他手指保持在同一方向下键。这是帕德雷夫斯基常常强调的一点。"

"要去具体讲述帕德雷夫斯基的实际教学方式还是比较难的，因为不同的作曲家以及不同的作品在处理上是不同的。总的来说，对于音色来讲，他认为演奏者应当掌握所有具有表现性的音色。他喜欢强烈的对比，这是指弹奏时所产生的音量上的强烈对比，不仅仅需要不同方式的触键处理，也需要巧妙地运用踏板。"

"我跟随帕德雷夫斯基上课的时间并不是很规律。他来巴黎时我就有机会跟他上课。有时我几个月都见不到他，然后过一段时间，他也许又会来巴黎待几个礼拜；不过像现在这样的季节，我们见面会比较频繁。我们经常在我表兄家上课，通常开始得比较晚，从晚上十点左右的样子，一直持续到午夜，甚至有时直到凌晨一点钟才结束。"

"帕德雷夫斯基作为一名老师就像他作为一名演奏家一样出色。他极其细致入微；他的讲解清晰且敏锐到位；他经常通过示范有问题的段落或者整首曲子的方式来讲解作品。他总是不厌其烦地处理每个小的细节直至完美。他很有耐心，也没有什么脾气，只是偶尔会讽刺、幽默一下。他常常在教学过程中越讲越有激情，甚至忘记时间的流逝。不过总的来说，他并不是很在意教学这件事，很大一部分原因是他根本没有什么时间去带学生。"

当我们采访到斯托约夫斯基先生跟随帕德雷夫斯基学习的经历时，他说道：

"帕德雷夫斯基是一位非常出色的老师。有一些老师可以带着意图去引导学生理解不明白的东西，或者学生自己做不到的东西；还有一些老师自己虽然可以做得到，却无法向学生表述他们是如何做到的。帕德雷夫斯基不仅自己可以做到，同时又可以清楚地向学生解释该怎样做。他很清楚地知道他想要什么样的音乐表达，怎样才可以做得到，以及为什么这样去表达。他可以通过最准确且全面的方式清楚地讲解和演示给学生看。"

"正如你们所注意到的，帕德雷夫斯基演奏的专属特质便是他的音色以及丰富变幻的音乐效果。而这些必须通过耳朵不断地去听，必须去尝试和判断每一处声音的质量和音色。他劝告学生一定要去听自己弹奏的每一个音，以保证音色的质量和多样性。"

伊格纳西·扬·帕德雷夫斯基

清晰是演奏的必要原则

"作为一名钢琴演奏者，当他坐在钢琴前，如果脑袋和心里装满了他想要去努力表达的美，但只是徒劳地想象着他正在表现那些不可缺少的声音效果，那么帕德雷夫斯基会对他说：'我不质疑你可以感受到作品的美，但是我却听不到你脑海中想象的声音效果。你必须更清楚地呈现它：弹奏钢琴最重要的就是清晰的表达。'然后他演示了如何在弹奏中获得清晰度和明确性。手指必须做到坚实有力地下键，且在关节处没有折指的情况。他曾教给我一个技术练习，我现在也用于我自己的钢琴教学，那就是反复训练手指在琴键上抬起-落下的动作，与此同时，手腕尽可能放低，并在这个练习中去感受手指尖与键盘的对抗力量。比如每次练琴伊始，热身时可以用这个方法做简单的大调五指练习，当手指逐渐习惯于这个训练的感觉后，可以开始弹弹车尔尼练习曲Op.740，此时双手应保持同样的状态。在做这一练习时应保持注意力集中，随时关注动作是否足够正确，不然会容易导致僵硬、不放松的状态。在这一练习中应注意，保持坐在一个较低的高度上；水平高度相对低有助于力量训练；我们都知道帕德雷夫斯基弹琴时坐得有多低。"

"你刚刚问我一些需要囊括的技术训练。车尔尼练习曲 Op. 740 是需要的，不过并不一定要弹完整本书，但大部分是需要的。还有克列门蒂的《名手之道》练习曲集也是有必要的。当然音阶也是必须的，并且练习音阶的时候还可以通过一些重音练习，或者变节奏练习，再或者控制不同音量的练习加以训练。除此之外，琶音练习也是必须要有的，练习琶音对于许多作品的弹奏都是有帮助的。"

"众所周知，尽管不同的钢琴老师对于基础教学的引导方式可能各不相同，但是正确的钢琴学习方法一定都有一些相通的基本准则。帕德雷夫斯基先生曾跟随莱谢蒂茨基学习钻研了许久，但相比莱谢蒂茨基的教学方法，帕德雷夫斯基会让教学方法与学生的肢体条件和心态意志相结合；而莱谢蒂茨基一派则是沿着同样的路线去教这些学生，让学生们都经历同样的学习模式，因而并不会出现太多的个体案例。"

指法

"有一个东西是帕德雷夫斯基尤其在意的，那就是指法。帕德雷夫斯基先生通常会仔细地标记整首曲子的指法；并且在决定用什么指法后就会固定用该指法练习。他认为在弹奏中应当选择上手最舒服的指法，并且应当选择通篇看来对音乐效果最有益的指法。他尤其在意演奏者是如何选择指法的，他认为不同的指法可以弹奏出截然不同的音色。有一次，当我弹一首夜曲给他听时，他从房间的另一头叫停了我，问道：'为什么你总是用 4 指弹那个音？我能听出来你在使用 4 指，听着效果不好。'他总是有着极强的洞察力，并且常常能发现一些会被大多数人轻易忽略掉的小细节；没有什么可以逃过他的耳朵。正是因为这样的音乐洞察力，他成为最细心的老师。另外，回到指法的问题上，他还鼓励学生选择对自己来说使用起来相对轻松的指法。他认为汉斯·冯·彪罗（Hans von Bülow）先生编辑过的许多乐谱，在知识内容详尽丰富的同时有些过分拘泥于细节；他表现出德国人过分细致的特点，然而，如果编辑得过分详尽也可能在一定程度上成为弹琴者进步路上的阻碍。"

正确的肢体动作

"另一个帕德雷夫斯基觉得很重要的部分就是得当的肢体动作。他认为在弹奏中应当摒弃不必要的动作，并且主张身体应当自如、放松。他认为肢体动作应当像其他的技术要素一样去系统学习。虽然帕德雷夫斯基本人常常做比较大的上半身肢体动作，但是它们都是深思熟虑后的动作并且都有着戏剧性的音乐意义。也许他会带着强有力的热情，用较有冲击力的动作带动整个手臂去表现一个强烈的跳音，但下一秒他的手就会马上恢复平静来为弹奏下一个乐句做准备。"

研究声音效果

"我现在即将要说的是对弹奏者至关重要的部分，

弹奏者需要利用极为敏锐的听觉去感知声音的不同层次和音色效果。声音效果通常会随着演奏的空间环境而变化。在大一点的演奏厅演奏的话，弹琴的人自然需要付出更多的努力，如此声音才能一直传到演奏厅的每一个脚灯所在之处，才能呈现给观众清晰的触键、准确的重音和明显的对比。为了能够更容易地适应这些，在家练琴时可以保持琴盖关闭的状态，并且在必要时可以加大力度以满足在不同演奏场所可能需要的音响效果。"

音乐诠释

"当一个优秀的艺术家去演奏一首伟大的钢琴作品时，应当像是很自然地在即兴演奏；演奏者越是优秀，他的演奏便越会呈现这样的效果。然而，为了达到这种效果，演奏者一定要对曲子进行极其细微的学习、剖析。尽管灵感也许会在第一次构思一首曲子的时候就产生，但是在这之后，总要把所有的细节问题一个一个地解决，直到可以将这些灵感完美自如地在演奏中表达出来。帕德雷夫斯基致力于用已经构思完善的表达方式和精神去呈现一首曲子。"说到这个，他便讲到有一次帕德雷夫斯基在音乐会后和一位女士的对话：

"'帕德雷夫斯基先生，为什么这一次我听您演奏这首曲子和上次听到的感觉不太一样。'"

"'但我可以很确定地跟你说，我本来对曲子的设想总是一样的。'帕德雷夫斯基回答道。"

"'噢？但是其实没有必要每次都弹成一样的呀，您也不是机器。'这位女士说道。"

"这位女士的回答激起了帕德雷夫斯基的艺术家天性。"

"'正是因为我是一位音乐家，我才应该要争取每次弹得一样。我已经将我的曲子理解和构思好了，因此在每次演奏时，尽可能贴近我的理解和构思去表达音乐是我作为演奏者的责任。'"

"帕德雷夫斯基先生讲课时就像他做所有其他的事情一样，总是很有耐心。他从不计较时间。有时我跟他约定了半小时的课，但是实际上课时间可以持续很久，有时一直上到我们双方都十分疲倦了，才不得不停下来。我跟他在不同的时间段上过课。有一年夏天让我记忆犹新，因为他几乎每天都给我上钢琴课。"

说到帕德雷夫斯基先生所作的优秀的钢琴作品时，斯托约夫斯基先生说道：

"我认为帕德雷夫斯基先生的作品被许多钢琴老师和学生忽略了，真的是太可惜了。哪一首近现代钢琴奏鸣曲可以和他的媲美呢？我认为没有的。还有他的声乐作品，太美了！我很敬仰他和他的音乐作品，因此我一直努力去让更多的人认识他的作品，这必然是有许多开拓工作需要做的，而我深感荣幸可以成为这项工作的一分子。"

2. 厄内斯特·谢林:
钢琴家的手

Ernest Schelling

我去拜访谢林夫妇时，他们刚好在靠近公园的一间公寓度过那一年的冬天，当我坐进华丽的会客厅，便可以听到从其中一间房里传来的练琴声。音乐听上去很不同寻常，带着一些东方风味和色彩，刚好和他们房间的镶银的天花板，以及屋内的壁画和挂毯相映衬。

　　不一会儿音乐停了下来，很快艺术家便走了出来，热情真挚地问候了来访的人。"房子的主人"在旁陪伴着他，那是一头白色的牛头梗，穿着一件比雪还白的外衣。这位重要角色马上将自己卷起来，找了个最舒服的椅子躺下了，安静地、深邃地观察着一切。谈话间，魅力十足的女主人进来为我们倒了茶。

　　谈话很快就转到了一个我很感兴趣的主题上——钢琴演奏者的技术训练。

　　谢林先生随即说道："钢琴技术真的是一个因人而异的问题。因为它取决于很多个人因素：体格，心理，神经紧张的程度，以及手和手腕。大概对于弹琴来说最吃亏的手就是手指细长的手了，其实手指短但粗壮一些的手会好很多。钢琴家约瑟夫·霍夫曼（Josef Hofmann）有着一双很适合弹琴的手，尽管小一点，但是厚重，并且肌肉发达。手腕也是弹琴中一个很重要的部分。有一些钢琴演奏者有着我们所说的'自然放松的手腕',就是说他们可以轻松地控制手腕,特雷莎·卡雷尼奥(Teresa Carreño)女士就有着这样的手腕,她弹连续八度从没有任何困难,手腕完全是放松的,霍夫曼先生也有着这样完美的手腕。我很惭愧我并没有,因此也在这方面遇到很多障碍。因为我要做非常多的努力,不仅要去训练自己的手腕,还要去训练除手腕以外的其他技术要素。我曾是一个充满好奇心的孩子,因此小时候花了很多时间在玩耍上。从十五岁到二十岁,我也都没有太努力地练琴,尽管这个时段本应该是骨头生长、肌肉完善的阶段,身体各机能也都在这个时期成长。另一个限制了我的因素是我手指的长度。当手指的长度已经长过掌关节的宽度时,对于弹琴来说已经不是一种优势了,而是一种弊端。太长的手指只会使弹琴人的双手承受更多不必要的重量。然而,这就是另外一个我需要去努力克服的缺陷了。是的,就像你说的,我的手在尺寸大小和柔韧度方面确实是出众的。但是据我所见,我不认为我的手跟李斯特的比较像,反而比较像肖邦那种类型的手。"

"说到技术练习,我当然弹过很多音阶和音阶变形练习。每当我'做练习时',我认为跟着节拍器练习对于技术流畅性是最有帮助的。练琴的人在技术练习时不应当马上尝试加速，而节拍器恰恰可以帮助我们逐步加速到合宜的速度。当你看到我的手掌和大拇指坚实的肌肉时，你就知道我平时在规律地练琴了。不过练琴者一旦松懈下来，通常会渐渐失去这些紧实的肌肉。"

"我还会练习各种不同的变形的颤音和八度。是的，我也必须承认八度练习是演奏者极为重要的一项技术要素。"

这时谢林先生边说边走到了钢琴前，继续说道：

"弹琴时尽可能不要上下晃动手腕，很多人有这个问题，过多的手腕动作对于弹琴完全没有什么帮助，它不会使我们更有力量或者更敏捷。如你们所见，我总是保持坚挺的拱形手型，当然也包括我的手指；我们的手做抬起、放下的运动时必须要保持手腕的放松，这样出来的声音效果是饱满、明亮且清脆的。在八度练习中，弹奏时应当把重量放下去做慢速练习，或者是快速清脆的断奏触键。我也会做一些自然音阶或者半音阶的八度练习，并会练习在同一个音上重复四遍甚至更多遍，在遇到黑键时使用四指。"

"我在钢琴前通常会坐得比较低，因为我觉得这样弹奏效果更好；虽然有时反而会让演奏更有难度。我必须承认坐得高一点会更容易把力量放下去。是的，我完全认同'力量学派'的方法，并且这也是我通常习惯用的触键方法。有时候，弹下去后还能感觉到一定的压力，这就是用了手臂的力量。"

"哦，对了，年轻老师或者学徒听艺术家演奏时可能会发现艺术家们并没有过度地抬高手指，会发现他们常常是使力量下垂、自然放松地触键的，于是大家就匆忙下结论说这一定是他们的方法准则，一定是从小就这样训练过来的。其实这么想往往是错的。严格的手指训练在学琴伊始是必要的。像我刚才说过的，钢琴技术真的是一个因人而异的问题，所以在基础训练过后，如果我们想要在音乐的道路上成长为一名艺术家，就必须找到自己需要解决的很多问题和办法，而不应该一味地寻求循规蹈矩的方法。只有一些笼统的概念确实是需要遵守的，就像一些绝大多数的典型方法。钢琴学习者们如果想要达到什么特别的高度，那就必须要有解决属于自己的问题的办法。"

"说到背谱问题，可以说是通过这三个方面来完成的：用眼睛、用耳朵、用手。举例来说，我拿到一首曲子，会先用眼睛从头到尾完整地识谱，就像我读一本书一样。通过这种方式，我越来越熟悉作品，并观察到它们在乐谱中的记法。慢慢地，我对作品的学习程度越来越深，以至于脑中形成了谱子的画面，并且在必要时，我可以回忆起一个特别的小节或者一个特别的乐句，准确到我能把它们写下来。在整个过程中，我内心的耳朵一直在聆听这些音符，并慢慢熟悉它们。那么第三个方面就来了，我必须把这一切在钢琴上进行实践，我的手指必须要经过必要的练习，脑海中对于这些音乐的表达必须要传达到手指上。最终这一切就完成了。"

3. 埃内斯托·康索罗:
使钢琴成为一件充满音乐性的乐器

Ernesto Consolo

在与著名的钢琴家和钢琴教育家埃内斯托·康索罗的长谈中，我们提及了许多对于钢琴老师和学琴者来说老生常谈的话题。在这些问题之中康索罗先生说道：

"我认为钢琴老师们必须以非常严谨的态度对待自己的职业。在我看来，在这片土地上即将出现最优质的钢琴教育，因为这里有着愿意以极其严谨的态度对待钢琴教育工作的老师们。我认为美国有一天会在世界各国的音乐教育界中占据指导性地位，并会在音乐方面领先世界，这一天应该不会太远了。虽然这一时刻还没有到来，但它终将到来。尽管钢琴教育在这个国家没有太长的发展历史，但它确实有着飞跃性的发展。"

"如果我讲太多钢琴老师们的教学方面的问题，就没有太多时间聊学生们了。一些钢琴学生常常是急于求成的，希望进度能更快一点；他们往往容易着急，想着要弹那些高、难、大的作品，不愿意花大量必要的时间去准备。但任何艺术都不能急。学生们无论是学画画、雕塑、建筑，还是学音乐，都必须掌握其学科技术；他们都必须深入学习其中的奥秘并掌握其中的技巧，作为达到最终目的的途径。并且没有任何一个其他专业需要比音乐家做更多的前期准备。就像击剑运动员、拳击运动员或者篮球运动员，他们都必须掌握其中的技术技巧。那么想一下，作为钢琴学习者，如果想要追求最好的学习成果，又需要付出多少努力来掌握弹琴技术呢。"

"然而想掌握这门艺术，最核心也最重要的是注意力的集中：没有这一点，便不能实现什么效果。学生们认为只要坐在钢琴前，每天花几个小时去'练习'就足够了。然而只要可以在练琴时集中注意力，只花其中一部分时间，就会收获许多。有的人可能需要几个小时去练习一页内容或者一段内容，然而有的人可能只需要花一小会儿的时间，为什么会这样呢？可能你会说那些人就是更聪明。其实我认为聪明的人只是集中注意力的能力更强而已。"

"如果一个学生到我这里来学习，然而集中注意力的能力还没有被唤醒或开发，我有时就会在布置曲子时选择让他们很慢地练习读谱，慢到每一个音、每一个乐句标记以及指法标记都可以实实在在地被注意到。如果没有习惯于练琴时专心致志地思考，在弹奏过程中就会容易出错，那么反过来讲，就是学生没有充分集中精力。每一次弹琴都是头脑的作战。如果不去充分使用自己的大脑的注意力，那么我们就会错过本来可以实现的最好的成效。"

"至于钢琴技术的养成和日常训练，对于每个学生，我在教学中会有不同的方法，因为学生和学生也不尽相同。没有两个学生有着一模一样的双手、肢体和头脑；所以何苦非要用同样的模子刻出来呢？比方说有一个学生，他在学习过程中有着很棒的手腕运用，手指却有一些问题。那么我怎么会选择给他和他手腕弱的哥哥布置同样多的手腕练习呢，那样的话就是在浪费他的时间。我认为学生如果在一定程度上缺乏控制音色以及强弱变化的能力，就需要弹一些简单的肖邦或者舒伯特的旋律去学习控制声音的能力，尝试用各种不同的方式去练习，直到可以稳定地控制声音效果。钢琴是一种可以随时给我们反馈的乐器，它总是可以呈现出你所付出的东西。如果你的手指触键生硬，它反馈给你的声音就会是刺耳笨重的。钢琴能否成为一件充满音乐性的乐器，全在于弹奏的人。"

"如果一个学生到我这里来学习时有触键问题，那就需要回到原点，重新巩固基础。这种情况必须要先学习在弹琴中正确使用双手、手臂以及手指，这些甚至都可以在一张桌子上练习。与此同时，虽然要处理技术问题，我也还是会给学生留一些简单的小曲子去弹，这样就不会忽视音色和音乐性的训练。"

"我必然是建议学生做各种音阶练习的，包括所有调的音阶以及它们的节奏变形练习和不同触键方法的练习。我们几乎可以找到无数种训练音阶的方法，在掌握了基础的弹法后，我会练习双三度和双六度音阶。分解和弦的练习也需要被包含在音阶训练中。"

"我前面已经讲过，集中注意力是掌握钢琴技能的要素。另一个与此密不可分的要素就是放松。除非我们的手臂、手腕和肩膀都是放松的，否则音色就会过于僵硬，演奏也是受约束的，并且声音不会是完全带着音乐性的。在弹琴的过程中是不应该感觉到肌肉酸痛或者疲累的。一旦有这种情况，那就说明弹琴中有肌肉僵硬的问题，没有足够放松。我可以坐在钢琴前一直弹强奏，即使三个小时之久，双手和手臂都不会感到疲累。再有，一个弹琴会放松的人懂得如何使用自己的身体，这样他也不会损害钢琴。我们必须记住，钢琴是一种像关节一样的乐器，每个环节的运动都是非常精密的，并且是十分润滑、自由和放松的。钢琴演奏者是在此之上附加的关节，因此应该像钢琴自身的运动一样去放松和调节。从另一方面来说，一个带着僵硬关节和肌肉的人在一台好钢琴上去练习拉格泰姆，可以用一周的时间就把琴给糟蹋了；反之一个懂得放松的人去练琴的话，钢琴可以保持好的状态很久。"

"运动员们一直是诠释放松原理的很好的榜样，像是棒球运动员或者其他门类的运动员。他们有着自己的动作姿势，并可以轻松调节自己身体的每一部分：从不会让自己陷入紧张或者僵硬的状态之中，也不会做出过于刺激的或者僵硬的动作。胳膊、肩膀、手腕和手指全都要保持放松且轻松的状态。钢琴演奏者需要像运动员一样去学习这些宗旨，我在一定程度上是相信运动训练的。我们可以用轻重量的哑铃，你会惊讶地发现，即使很轻的重量也足以达到想要的训练效果。但必须是一次一个动作，一次动作只练习一个部分的肌肉，而不是一次动作关注好多块不同的肌肉。"

"对于背谱，我可以说我也没什么方法。当我掌握了曲子的技术或者掌握了肌肉记忆后，我就已经将这首作品牢记在心了。我确实说不出具体是什么时间把曲子背下来的。当我弹琴的时候谱子在面前，弹着弹着却忘记翻页了，这时我也就发现我背下曲子了。和管弦乐团合作的时候，我总是清晰地知道所有其他乐器的部分，除非伴奏只是一个简单的和弦；如果不是这样去学习协奏作品，我也不会太有兴趣去和管弦乐团合作。有一次，我要去演奏乔万尼·斯甘巴蒂（Giovanni Sgambati）的协奏曲，但是好久没弹了。我上琴试了一下，发现我好像背不下来了。我第一个想法是把谱子找出来，从头到尾过一遍；第二个想法是尝试回忆着背整首曲子。我试了第二种方法，结果是我用了三个半小时的时间把整首曲子的记忆找回来了。十天后我演奏了这首作品，但在这期间不再需要看谱子了。这也说明了我们对曲子的记忆必须是全面的，而不仅仅是无意识的肌肉记忆。"

"有的学生觉得他们背不下来曲子，但如果用正确的方法，那就会变得很容易。我要求他们仔细关注小的片段，两小节，甚至一小节，然后不看谱弹这些音。当然，正如你所说的，这也可以不在钢琴前完成，这些音是可以靠内心哼唱的；但是谱子上其他的标记还是需要在演奏中被表现出来并刻在记忆中的，所以我还是觉得最好在钢琴前边弹边背谱。"

"弹琴是一件极其因人而异又复杂的事情。我从不要求我的学生像我一样去弹琴，也不要求他们像我一样去解析曲子，因为那样的话，我只是会看到很多复刻版的我，而他们也会失去自己的个性。我常听学生们用自己不同的方式和精神去弹一首作品。我不会告诉他们'这是错的，你必须像我一样去弹'。不，我允许他们靠自己的感觉和理解去弹，只要没有违背艺术本身即可。"

"我相信这些观点对弹琴的学生和老师都会有帮助。钢琴教师们需要很多来自我们艺术家的鼓励，因为大多数情况下，他们都在很好地影响和教育学生。"

"这些话题可以进行更进一步的探讨，但是我现在的时间可能太有限了。"

4. 西吉斯蒙德·斯托约夫斯基：
钢琴学习中的思考

Sigismond Stojowski

西吉斯蒙德·斯托约夫斯基先生是一位杰出的波兰钢琴家、作曲家，我们在他纽约的工作室见到了他，当时他正在给他的得意门生上课。他稍作休息后便同意跟我们谈论一下一些能帮助到老师和学生的话题。

"你请我说一些关于钢琴技术的要点，可能需要说的是一些对于每个人来说都比较重要的点吧。没有两个学生是一模一样的，也没有两个人是带着完全一样的领悟力看待事情的。这其实跟心理研究有关。我认为心理学研究对于老师和学生双方来说都是非常必要的。我们都需要在现有的认知基础上更多地去了解精神过程。我常常被问到该如何背谱，或者说背谱的好方法，这又是一个受心理影响的问题。我推荐学生们读一本非常有帮助的书，是威廉·詹姆斯（William James）的《与老师们聊聊心理学》（*Talks to Teachers on Psychology*）。"

"学琴中最重要的部分便是学习去思考。你有没有发现，有时候人们为了躲避思考会付出很多代价？他们会反复不断地重复一个技术训练，但是在这期间很少甚至根本没有任何关于演奏的思考。那么这种工作是毫无意义的。也许我这样说过于极端了。虽然无数次的重复可能最后会带来一点进步，但那只是很小程度上的。"

"关于钢琴演奏技术核心的问题，存在着许多不同的观点，而有时，甚至老师们都很难保持意见一致。比方说，在抬手指的问题上人们就有着不尽相同的观点。有些人相信弹琴需要高抬指，有些人则对此持否定态度。高抬指对于音色来讲并不好，即便它能够帮助我们提高下键速度。大多数时候为了更优美、歌唱性的音色，我会选择使用与之相反的方法。对于年纪小一些的学生来说，尤其在学琴初始阶段，我认为必须要学习高抬指，并且练习精准的抬指动作；而当手指技巧性更加充分后，更多不同的触键方法可以慢慢添加进来。对于钢琴学习和教学来说，如果没能达到最佳的效果，那么不仅仅是学生的问题，也是老师的问题。学生们总是会期待着老师的指导并渴望学会弹琴。那么这应该是老师们的职责，去做出正确的判断并给予学生最客观有效的指导。"

西吉斯蒙德·斯托约夫斯基与厄内斯特·谢林

"送给哈利埃特·布劳尔，真挚留念，
西吉斯蒙德·斯托约夫斯基，1913 年 4 月，纽约。"

自然技巧

"每个人都有一定的'天生的技巧',就是对于自己来说相对容易掌握的技巧。通常会是颤音。我常常发现一些艺术家在其他技巧还稍弱时就已经能做出不错的颤音。某些声乐演唱者获得了这样的恩赐。内莉·梅尔巴（Nellie Melba）夫人就是一个很好的例子,在她还未学习过颤音的时候就拥有了这样的技巧,因为她天生有一副夜莺的嗓子。我还认识一个伦敦的男孩,生来就具备控制八度的资质。他的手腕很棒,可以不断地反复弹奏八度却不会感到疲累。他也从不用刻意练习八度,对他来说这是一件很自然轻松的事。"

"老师的工作既要修正学生的错误,也要有建设性。他必须能够看出什么地方是错的并能帮助学生更正。就像一名医师,他需要找到病因然后帮助他们恢复健康。老师应该能采取补救办法来应对每个学生出现的问题。"

"我通常不会给学生布置太多的练习曲,我选择用

'顺势疗法'（homeopathic）帮助学生。其实一个好的钢琴演奏者不一定要弹大量的练习曲。而且，尽管音阶和琶音必须成为日常练琴的一部分，但很多必要的技巧是可以从平日弹的曲子中掌握的。"

保持曲目量

"说到需要保持一个大曲目库的问题，我可以说，那些学生很多的钢琴家实际上也跟着学生学到了很多。我有许多程度比较深的学生，我在教他们的过程中也保持了自己的曲目量。当然，可能随着时间流逝，会因为总是不断重复地听这些曲子而感到倦怠，即使是原本觉得最美的曲子也不再有新鲜感。我自己作曲的作品可能还好一些，因为我通常不会给学生布置这些曲子。对于那些善于思考的钢琴老师来说，不断反复地听学生弹奏这些钢琴作品能够让他们看到这群年轻人的问题在哪里，并帮助他们积累那些可以帮助学生解决问题的经验与办法。但与此同时也有一个弊端：钢琴老师会忘不了在乐谱中的哪个地方、哪个学生容易遇到技术问题、容易忘谱或者容易打结。这种情况已经在我身上发生好多次了。有时在我自己的音乐会上，我正弹着琴，完全没有意识到会发生意外——完全投入在作品里面；可就在某个时刻，回忆在我的脑海中闪过——这里就是某个学生总被绊到的地方。这些记忆有时候会变得特别清晰，使我在舞台上需要额外集中注意力才能找回心理平衡，然后带着确定和从容继续下去。"

"是的，我会在脑海中反复演练我的曲子，尤其是当我的音乐会要弹一整场全新作品的时候，不然的话我不需要这样做。"

给曲子补缺

"当一个作曲家在公众场合演奏时，弹着弹着忘谱了，你应该会建议作曲家填补一下忘记的部分或者现场即兴演奏一段。确实如此，但是在一首知名的曲子上即兴是一件很危险的事情，甚至可能会变成比较棘手的情况。讲到这个，让我想起了一次我在'欧洲音乐会'上发生的意外。那场音乐会是在威维（Vevay）举办的，我当时弹了一整套全新的曲目。我先跟帕德雷夫斯基待了一段时间，然后从莫尔日（Morges）出发到威维去弹这场音乐会。在酒店的房间里，我不断地在脑海中练习我的曲目，当练到门德尔松的赋格时，我发现有个段落我忘记了。我能记得这个段落之前和之后的内容，唯独那个段落想不起来了。于是我下楼到客厅，在钢琴上试了一下这首赋格，但还是找不回忘记的那一段。我赶紧回到房间，编了一段，从而使得前后能够连接上。当我在音乐会中弹到这首赋格时，很顺利地渡过了这个有问题的部分，感觉好像我就是弹了门德尔松写的音乐。正当我马上要弹到最后一页的时候，脑袋里突然冒出一个问题：刚刚我是怎么渡过那个有问题的部分的？到底发生了什么我还真想不起来了；但是我花了好多精力去回忆我之前弹的是门德尔松还是斯托约夫斯基，这险些让这首作品的最后一页变成灾难现场。"

"这一季的巡回演奏结束后，我马上就会去伦敦跟伦敦交响乐团和阿图尔·尼基什（Arthur Nikisch）合作我的第二钢琴协奏曲。后面我还有其他的一些音乐会。"

当斯托约夫斯基先生在皇后音乐厅出演他的协奏曲时，我很庆幸我是那场音乐会的观众。真的是我的荣幸，能够看到他的精彩演出以及他在演奏协奏曲时散发出的艺术热情。

5. 鲁道夫·甘茨：
在练琴中保存体力

Rudolph Ganz

钢琴家鲁道夫·甘茨有一天对我说过这样一句话："练琴过程中的一个很重要的事情就是在练习中保存体力。""最错误的方式就是一直像在公开场合演奏那样去练琴，意思是说，时刻带着全部的精力和饱满的情绪去练习。现下确实有许多弹奏者在音乐会前一直这样练琴，我总为他们感到不忍，因为我知道这真的是在浪费精力和体力。就像一个男演员，练习台词的时候不需要为了表达情绪一直大声喊叫。而抒情女演员也不会用全部的声音去练习所有的角色，因为她已经知道要节省自己的声带了。那么为什么钢琴演奏者要在日常练习中耗尽全力练琴呢？我承认在练习中保存体力的原则并不容易掌握，但它真的应该被所有弹琴的人重视起来，无论你是已学成的钢琴家还是程度尚浅的钢琴弹奏者。我认为正常情况下，一个弹琴的人每天应该保证练习五六个小时而不感觉到疲累。如果一个弹琴的人习惯于在日常练习中节约自己的体能和精力，那么在正式演出的时候，即使弹一场曲目大而长的音乐会也不会感到疲累。在日常练习中，是没有必要弹得很强或者一直踩着踏板弹的，中强在很多时候足够用了。比方说，你正在练习肖邦练习曲 Op. 10 No. 12，就是那首左手一直有琶音的练习曲，在练习中，要保证每一个音和指法都是正确的，每一个乐句标记都要做到位；但是我认为在日常练习中，你不需要每一次都把它弹得气势夺人、华丽炫目。如果那样的话，弹琴的人很快就会感觉到累了。然而，每一个你想要的音乐细节都必须在练习中认真完成且牢记在心。每间隔一定时间，感觉自己需要的时候，能全情投入地演奏整首曲子便足够了。"

"像我之前说过的，如果要弹一首比较有激情的作品，那么通常控制自己'放轻松'不是一件容易的事。在我最近跟管弦乐团的一次排练中，我告诉指挥我打算先轻声一点弹，找一下我想要的音乐效果。但是当我们开始仅五分钟，我就发现自己已经在用全力弹奏了。"

"至于钢琴学习中的方法问题，我认为似乎大家都有着各种各样的观点，例如在众多不同的触键方法中，有些人选择用指尖弹琴，而有些人用指肚弹琴。费卢西奥·布索尼（Ferruccio Busoni）就是一个习惯于用指尖弹琴的人，还有恩斯特·鲍尔（Ernst Pauer）。与此同时，有着极其精致的音色的法国钢琴家阿尔弗雷德·柯尔托（Alfred Cortôt）在弹琴的时候手几乎是平坦的，他的触键方式确保他能够承受所有胳膊和手的重量。当然大部分弹钢琴的人以及钢琴老师都会比较认同在弹琴时利用胳膊自身的重量。钢琴技巧的原理想必主要就是这些了。似乎是李斯特曾说过：'用正确的手指正确地下键，弹出好的音色和好的表达，基本也就是这些了。'在我看来，人们对于钢琴技巧的探究已经到了极限，该有一个倒置的过程了；完全可以回过头去看一下那些较早的方法里的触键和技巧训练。"

鲁道夫·甘茨

"在钢琴演奏中最重要的事情就是表达作曲家的意图，还有对作品的领悟和感受。你必须深入研究作曲家的想法，但你自己也要有对作品的理解、热情和情感。并且你不仅要自己感受到作品，也要让你的演奏感动其他人。有很多弹琴的人并不是受过良好教育的音乐家，甚至弹了几首贝多芬奏鸣曲就认为自己已经理解了贝多芬的音乐。在音乐的世界里，'知识才是力量'。我们需要知道所有的相关知识，但同时也需要感受到音乐带给我们的灵感。有一位当今很厉害的钢琴教师曾说过，他认为个人的感受不是必要的，因为音乐本身就已经具备丰富的情感了。他认为我们所要做的只是按照曲中的标记去诠释音色。就像村医测量配药，他可以配出各种不同药效的量，强的，弱的，温和的，等等。但是阻碍了音乐中的个人表达和演奏者对于音乐的热情，意味着所有的表达都只是经过冷静计算的。这样的演奏并不能真正温暖人心。"

"我主张从初学者教学开始就讲授强弱对比和音色。为什么小孩子就不需要理解强弱对比，从而摆脱一成不变的中度音量呢？我曾写过几首叙事小曲，有个小男孩学了其中的一首来弹给我听。"甘茨先生走到钢琴前给我演示："这个曲子最后的结束句是这样的，本来应该是弹强音的，然后紧跟着几个像是回声一样的很弱的音结束整首曲子。我很欣赏这个小男孩对这首曲子的诠释，他先是在重音的部分踩了踏板，为的是更强有力的音响效果，紧接着他把回声的部分控制得又好又轻。我认为他已经很好地掌握了学习钢琴音色的第一步——一个充满表现力的概念，那就是强弱对比。"

"现在这个时代有很多天赋异禀的孩子，有很多奇迹都是由天才学童们做到的。但是很多时候，这些孩子会从某个时刻开始止步不前，他们没有办法实现他们的早期目标或者是别人对他们的期望。"

鲁道夫·甘茨

"在作曲领域有一个青年奇才叫埃里希·科恩古尔德（Erich Korngold），我在纽约的音乐会上曾弹过他的钢琴奏鸣曲。在我近期的巡演中总共弹过他的作品八次，通常是被要求的。对我来说这确是一件极有意思的事情。我并不能说他音乐中的发展是足够有逻辑的，有时我觉得这个男孩好像就是把一些没有具体原因的和弦放在了曲子中的这里和那里。因此对于背谱，实际上要花很大的精力，因为我必须牢记，在 C 大调的哪个和弦里有一个升 C，或者是哪个和弦被他换成了很特殊的一组音。我们很难预测这个男孩将来会走多远。众所周知，莫扎特是一个天才儿童，但如果从保留下来的初期作品去判断，就能看出莫扎特是从很简单纯粹且生机盎然的风格逐渐发展起来的，然而与此同时，科恩古尔德是从理查德·施特劳斯（Richard Strauss）那样的风格开始的。他的作品里充满了施特劳斯的影子。音乐评论家们对这些早期作品有着各种支持的声音，但也有很多反对的声音。尽管他给我写过信，但我私下并不认识这位作曲家。他在一封最近写给我的信里，跟我表达了他的想法：尽管一些音乐评论家在他的奏鸣曲里找出了很多他们不认可的东西，但这些作品被挖掘和学习就极大地安慰了他。让他的作品在美国古典音乐圈里被熟知，无疑给了他的作品更广阔的宣传空间。"

在后来的一个场合中，甘茨先生讲道："尽管有可能一开始这些作品并不吸引你，或者你觉得根本就没有兴趣，我还是认为应该保有对现代音乐作品的热情。我喜欢学习这些新作品，并学习这些钢琴创作中的现代元素，这让我感觉我正保持着活泼年轻的状态。"

"最近我在我的演出曲目中新添加了一首海顿的 D 大调奏鸣曲。在同一场音乐会曲目里我还弹了科恩古尔德的奏鸣曲。两首作品间隔了一百多年的时间。当我敬仰经典的同时，我同样愿意与时代并肩，去学习音乐艺术和生活中的新思想。"

6. 蒂娜·莱纳：
听众是最好的老师

Tina Lerner

在蒂娜·莱纳女士即将结束她漫长的美国之旅之际，她在众多的预约中抽出了宝贵的时间跟我们聊了一些关于钢琴学习的关键话题。

我们从弹钢琴的不同手型聊到了手指的活动及触键，这些是现今常被一些钢琴家们讨论的问题。

"我确实是使用指肚弹琴的，因此我的手型也是较平的，手腕也是会低一些的。"蒂娜女士用她那笔直、修长又宽阔的手演示了一些音阶给我。"我没有特别意识到这些，直到遇见了一位巴尔的摩的钢琴家埃内斯特·哈奇森（Ernest Hutcheson），是他让我意识到了这些。事实上，我弹琴时，总是注意让自己的身体、胳膊、手以及手指能够尽量自然放松。我五岁开始学琴的时候就是这样的，然后一直保持着这个样子，尽管后期遇到了各种使用不同教学方法的钢琴老师。幸运的是，我的启蒙老师们都很敏感、很细心，他们让我弹了许多古典作品，并且没有给我布置难度过大的曲子。我相信大部分知名的钢琴家用的方法都是正确的，只是我一直习惯于自己的这种比较放松的方法。因此我的手型是比较个人化的，大概没有人习惯用这种手型弹琴，因此我的情况是比较特殊的。"

"我也不明白为什么，出于某些原因，很多人认为我曾跟随莱谢蒂茨基学习过，但当我告诉大家我从没有去过维也纳时，也就解释清楚了。今天大家都爱把自己和一些厉害的大师的名字捆绑在一起，而我好像把自己从这个方向推得更远了。但我认为大家关注的问题应该是这个学生到底有着什么样的风格，这个学生能获得怎样的成就，而不是他的老师是谁。我们确实知道莱谢蒂茨基一些比较出名的学生，但是他还有更多学生是大家听都没有听过的，他们到最后也没取得什么成就。一个老师能为你做的只有那么多，他可以给你很多好的想法，但最终还是需要每个学生用自己的方式去消化。一个钢琴学生可以从很多途径去学习。比方说，出席一场钢琴音乐会就可以从中学到关于触键、声音、乐句、音乐诠释的很多好方法；观摩一位杰出的歌唱家或者小提琴家的表演，可以从中汲取很多新的有关音乐的想法；听一场交响乐，可以学到的东西可能比其他的形式还要多。其实，一生都可以这样去经历、体会、热爱，这一切都是成为一位音乐家需要做的工作。因此音乐事业恐怕真的是需要付出最多努力的一种事业。"

"曾有人问过我：是更喜欢那些业余音乐爱好者做

我的听众，还是更喜欢为懂古典音乐的人演出？可能一半一半会是比较舒服的状态吧。但是就这两种人群而言，我可能更喜欢懂古典音乐的观众们，尽管会被他们评论，但他们不仅能理解我的很多音乐处理，也能看到并感谢我为音乐所做的努力。他们不会倾向于直接说'噢，我不喜欢这位或者那位钢琴家'。那些真正懂音乐的人能够明白成为一名钢琴家所需要的时间和精力，练习和天资。他们可能更倾向于说'我对某位艺术家的演奏更感同身受'。把'喜欢'这个词跟一位伟大的艺术家联系在一起可以说几乎是一种冒犯。那么，就算有一部分人不'喜欢'这位艺术家的演奏，又怎样呢？艺术家们会明白这已经是对他们能力的最大限度的认可了。终究观众是艺术家最好的老师，我已经从观众这里学到了比任何其他老师还要多的东西。在'这所学校里'，我学会了如何去让观众感觉被音乐触动，如何提升音乐中的某一个段落，如何塑造一个更好的高潮，或者如何寻找到让观众感同身受的音色。至于说到如何找到整个作品的感觉，我通常是学习整首曲子，掌握曲子整体的画面，并尽我所能去做到接近完美。但是这需要不断去尝试和试验，尤其是一定要有人听过你的弹奏并能够认可你的诠释。当一首曲子不断地被打磨，你会发现你对曲子的细节诠释变得异常清晰，就可以每次都带着这些细节记忆去演奏了。就好像一个画家想要展出自己的一幅名画，他不会每次都重画一幅或者改动一些东西。那么为什么音乐家每次重复演奏同一首曲子的时候要做一些音乐诠释上的改动呢？我认为，如果太相信即兴的音乐灵感反而容易在演奏中出状况。当我掌握了一首曲子完整的音乐诠释后，我会把它当成我的使命，每次都坚守这些细节，并努力做到最好，呈现给大家。我从来不会因为这一次我在波士顿或者纽约演出，而不是在一个小城镇演出，就更努力地去达成更完美的效果。不，我从来想的都是要做到我自己的极限，无论我在哪里。人们有的时候会问我在演出前会不会紧张，其实让我担心的从来不是观众，而是当演出来临时我能否将音乐诠释到理想的效果。"

"比起很多其他地方，我可以说我更喜欢在这里演出，因为在这里我总能感受到更多真心的欣赏和理解。当然世界上大的音乐中心几乎都是差不多的，反而差异总是在小一点的城市上变得显著，其中古典乐在美国确实远比在欧洲受欢迎。我自己的演出经历也不断地印证了这个事实。就在不久前，我在人口大约不到两千人的小镇举办了几场音乐会。当我到了那个地方，看到简陋的旅馆，我就开始想：他们会喜欢钢琴音乐会吗？但当我到了音乐会所在的学院场地时，看到的是坐得满满的、热情的观众，有些人甚至是开车从很远的地方过来的，在这一点上就能看到音乐在他们生活中的重要性。这所学院的钢琴老师也是一位很好的音乐家，跟随莱谢蒂茨基学习了九年，并通晓古典音乐圈的时下信息。"

"对于现今很多常跟管弦乐团合作的钢琴家来说，容易遇到的一个问题是现代协奏曲的缺乏。那些知名的作品常常被演奏，反而是较少听到新作品。其实当代作品有不少，只是很多都是不为大众所知的。例如那首美妙的拉赫玛尼诺夫第二钢琴协奏曲，即使是在知名的音乐中心、在那些热爱古典乐的人都听过的地方，演出都不是很成功。我相信如果能找到一群音乐家，让大家集中在一个屋子里听这首作品，他们一定会禁不住被这首曲子的绝美所折服。我最近在学一首哈顿·伍德（Haddon Wood）的协奏曲，谱子就在那钢琴上摆着呢，我觉得这首曲子特别美。"

随后在我们的对话中引出了蒂娜女士以下的话：

"可以说我是从四岁那年开始学习音乐的，那时候我就在一个只有八个琴键的玩具钢琴上弹俄罗斯民间小曲。学钢琴的姐姐注意到我的举动后，会给我讲一些音符知识，然后我就不断地挑选曲子在真正的钢琴上尝试。终于有一天，我姐姐的老师鲁道夫·海伊姆（Rudolph Heim）为了我学琴的缘故来到了我家。这一切都发生在俄罗斯南部的敖德萨（Odessa），我在那里出生并度过了我的童年时期。他前来我家，想要看看我的程度。很不幸的是，我当时突然感觉很害羞，还哭了，因此没能给老师展示我的曲子，那天我估计是什么都不肯做了。你看，我小时候就已经是固执得要命了。"蒂娜带着她优雅的笑容跟我讲述着这些。

"这次事情过去没多久，我就被带到教授的工作室去了。他考了考我，觉得我有这个天赋，并认为我应该被培养，因此收我做他的学生。我当时只有五岁，从那个时候起，我就开始真正接受音乐教育了。"

"从一开始我就用自己觉得最方便、舒服的手型，我的老师们也没有给我太过强烈的反对意见或者建议让我改变我的手型、触键。弹音阶和快速跑动的段落时，我总是习惯把手腕放得比较低，并把手指也放得比较扁平，因为那样是让我觉得最舒服的姿势。当我练琴时，我总是慢练，高抬指并从掌关节发力。这样的练习能让我获得既清脆又有力的声音。当然在快速跑动时我的动作会变小，但姿势是不变的。我也是这样被评价的，说我有着清晰如珠翠般的声音，并有足够的力量去完成许多大型作品。"

"在跟我的第一位老师——伊格纳兹·莫谢莱斯（Ignaz Moscheles）的学生鲁道夫·海伊姆学了五年后，我考进了莫斯科音乐学院，并开始跟随保罗·帕布斯特（Paul Pabst）教授学习，就是那个同名作曲家的兄弟和老师。那个时候我十岁。帕布斯特教授是很保守、很严格的，他一直让我弹古典作曲家的经典作品。我认为这种风格的音乐很适合我，至少我很喜欢。但我还是很固执地坚持自己的触键方法，并希望一直坚持下去。"

"我跟随帕布斯特教授学习了大概六年，之后开始了我的演奏生涯。"

"你刚刚问我现阶段的学习以及我是如何规划练琴时间的。在音乐会日程间隙，我会大量练琴，恨不得能拿全部的空闲时间去练，但那是不太现实的。我每天会进行一小时或者更久的技术练习。至于技术练习的内容，我常常使用肖邦练习曲，用高抬指极慢地去弹，并尽可能伸拉我的手指。你会发现好多技术难题都在这些肖邦练习曲里了：八度、琶音、三度音阶、六度音阶、连续重复音，以及在第七首中出现的分解和弦和快速跑动的片段。我几乎每天都会练这些练习曲，有时也会练一些李斯特的超技练习曲，当然还有巴赫。把这些作品当作技术练习的内容的好处是你不会觉得枯燥，这些曲子总是很有意思，也很美。因为我总是不离手地练习这些作品，所以我总能开音乐会，只要再加上一些特别的曲子，还有近现代作品就可以了。"

"在学新作品的时候，我一开始都会很慢地练习，尝试在这个过程中理解曲子的意义。我会构思所练习的作品并持续练上几个月，才会进行下一步动作。我试图形成理想的作品概念，然后一直练习那些小的细节，尽可能去接近理想的音乐效果。"

7. 埃塞尔·莱金斯卡:
放松是现代钢琴演奏的要旨

Ethel Leginska

埃塞尔·莱金斯卡，这位才华横溢的青年钢琴家最近一段时间都在美国，在她巡演归来之际，我们在卡内基音乐厅工作室见到了她。这位年轻的英国女孩是个小个子的黑发姑娘，她的脸上总是有着丰富的表情，举止亦是活泼真挚。从她那肌肉线条清晰结实的手臂就可以看出她每天一定都花很多时间练琴。

"是的，到目前为止我弹了很多很多场音乐会，事实上我从六岁就开始公开演出了。我在哈尔（Hull）开始了音乐学习生涯，那里正是我的家乡，我的第一位老师是沃尔特·麦克法伦（Walter McFarren）的学生。后来我被送到了伦敦，在那里我得到了很多富人的帮助。再后来我跟从莱谢蒂茨基学习了几年，直到十六岁。我也曾在柏林学习过一段时间。那之后我的职业生涯就开始了，并开始在全欧洲巡演；最近一段时间我刚好在美国。我挺喜欢这里的。"

"我真的觉得钢琴是很神奇的乐器，我感觉我们才刚刚开始探索它的可能性；不是指技术层面，而是钢琴作为音乐表达的通道。对我来说，钢琴是能够反映各种情绪，表达各种情感的：所有可以共鸣的情绪，喜乐、悲伤，生命中的一切，无论良善的还是邪恶的，所有的、人的一生可能经历的一切。"［这让我想到了范·克利夫（J. S. Van Cleve）最近发表的一段话："钢琴可以歌唱，可以进军，可以舞蹈，可以电闪，可以雷鸣，可以哀悼，可以嘲笑，可以质疑，可以坚称，可以抱怨，可以轻声低语，可以含沙射影。总而言之，它是最多面、最具可塑性的乐器。"］

"说到弹琴技巧，我认为它只是弹琴所需的一部分，只是达到目的的手段。事实上，我总是尽量让自己脱离对于技巧的关注，从而能够去找到音乐真正想要表达的东西。我深信钢琴和钢琴创作未来还有很大的空间。现在我们已经很认真地对待钢琴音乐了，甚至试图以一种比五十年前的钢琴家们所想的还要宽广、深远的方式去尝试诠释它。但是我猜想如果克拉拉·舒曼或者李斯特本人，能够穿越到现在演奏给我们听，我们应该会发现他们的演奏根本不适合这个时代。很多人可能还记得舒曼夫人那双弹琴的手，从手指到胳膊都不是很自由。今天我们反复强调钢琴家要把握作品风格的广度和深度，但对于克拉拉那个时代来讲，自由放松还没有成为主流趋势。在那个时代，人们对放松还没有产生足够的关注，因此尽管我们都听过无数对他们演奏的赞美，也应该看到很多那个时代的钢琴家弹琴的手是坚挺僵直的。"

"放松对我来讲就像是一种嗜好，我主张人的胳膊的每一个环节，从肩膀到指尖都应当是绝对放松的。我觉得弹琴不放松是学琴过程中最应该被责备的问题，当然，一些其他容易出现的明显问题也是一样的。当有人弹琴给我听时，我首先关注的就是这个人是否有紧张僵硬的问题。我住在柏林期间，常与特雷莎·卡雷尼奥见面，她对于放松的想法跟我是一样的，而且不仅仅是在弹琴中，她甚至认为在日常坐着、活动的时候，或者走路的时候都要放松。她常常会思考放松的事情，以至于有时候，如果她手里拿着什么东西，她会不经意地松手，而没有意识到——这完全是放松习惯的力量。"

"您刚才问我如何去启蒙那些从没有上过钢琴课的小孩子。我首先还是会从放松的原理开始，去放松他们的手臂和手腕。这个放松原理是完全可以教授给那些年龄小的学生们的。当双手在键盘上形成五指手位并保持各个关节突出后，就可以让学生练习升高或者降低手腕高度。用这个方法练习，学生不需要太久就可以找到放松的状态，然后才是手指练习。我本人是不主张高抬指的方法的，我认为高抬指不仅花时间，而且会影响下键的速度和力量。我会抬指，但只会适度离键，这样已经获得足够的下键力量，我认为音乐评论家们也认同我的方法。在弹奏和弦和八度时，我会尽量通过重力和压力抓住琴键，以此来获得所需的力量。在弹和弦的时候，我不会在触键前在空中准备自己的手指，我觉得没必要那样做。"

这时候钢琴家演示了一连串和弦，她的力量和声音证实了她前面所讲的话，她的手指看上去仅仅是在按压和紧握琴键，完全没有打击或者敲打的感觉。

"话题说回启蒙教学这里。对于初学者用书的话，我通常会用达姆（Damm）编著的一本，当然任何一本基础的钢琴教程都可以作为参考，只要方法正确就可以考虑。莱谢蒂茨基曾说过他没有任何教学方法，这大概是指他自己不会编著钢琴教学用书，因为他一定是有自己的方法的。他的学生要学很多的基础原理和进行各种小练习，不过他们好像确实不用任何特定的基础教程。"

"在教学过程中，你会发现每个学生都是不同的，每个学生的手也都是特有的，才智也是不同程度的。因此必须要因材施教。这对于老师来讲其实是一个有利条件，因为如果每个学生都是一样的，那么上起课来就会变得枯燥乏味。"

埃塞尔·莱金斯卡

"钢琴是一种极能展现演奏者性格的乐器，我只需要听一个人弹琴，就可以知道他的性格大概是什么样的。一个人如果总是很仔细地注意小细节，那就会在他的演奏中体现出来；一个人如果是懒散的、无动于衷的，那么他一弹琴就能被看出来；一个人如果被培养得心胸宽广、慷慨大方，能够看到生活和事物中的戏剧性，那么这些也都会在钢琴上显露出来。"

"再次回到手指触键的话题。我不主张手指击键，相反我主张贴键，将手指尽可能地附着在琴键上。这也是阿图尔·施纳贝尔（Artur Schnabel）的主张。有机会的话，大家应该听听施纳贝尔的演奏，整个柏林都为他疯狂，只要他有音乐会，票一定会被全部卖光。他也有很多学生，是一位相当出色的老师。有一点是我一直坚持但他并非如此的：我不会允许手指第一关节折指，但施纳贝尔似乎并不在意。他的头脑更多被那些关于音乐本身的更深刻、广泛的想法所填满。"

"说到背谱，我通常是一句一句地在钢琴前背谱，除非我在旅行中，或者没有办法找到一架钢琴，那样的话才会在脑袋里冥想背谱。如果曲子很难，我甚至会挑两三小节的小段落，先分手，再合手；但通常我直接合手弹，看谱弹上五六遍，再背谱弹五六遍。有可能第二天我又记不清了，因此这样的工作需要再重复一次。通常如此重复两次后，记忆就会比较清晰了。"

"我最大的愿望和志向是创作，成为一名作曲家。因此我尽可能地花时间学习作曲。我希望有朝一日能写出值得让我有这样的梦想的作品。"

8. 贝尔塔·菲林·塔珀:
解决学琴中的问题

Bertha Fiering Tapper

如果说环境和氛围对钢琴教学和演奏有着启发性的作用，那么塔珀夫人的学生们上课时在这两者上都能获得激励。她的公寓坐落在街边，每天下午都有美丽的阳光照射进来。屋外的哈德逊河闪烁着蓝色和金色的波光，室内的装饰也温暖和谐，带着家的味道。她宽敞的琴房正对着哈德逊河，屋里并排摆放了两台三角钢琴，有很多音乐伟人的肖像和纪念物，还有鲜花和书籍，这一切都提升了这间琴房的气氛。而在这些陈列之中坐着的正是这位严肃、高尚、鼓舞人心的塔珀夫人，一位受大批年轻艺术家和钢琴教师追捧的妈妈般的倾听者。

她说道："钢琴学习真的不仅仅是手指运动。""学生需要接受完整、全面的教育。当年轻人来找我，想要跟我学琴时，我总会问他们在学校是什么样的状况。如果他们说他们已经不上学了，为了有更多的时间练琴，我会告诉他们：'回到学校去，等你结束了在学校该完成的课程再来找我吧。'确实有的时候，有些学生可能会被建议离开学校，但是他应该在家里自学那些通识课和音乐专业课。我总是希望这里的艺术生教育能够像俄罗斯顶尖的音乐学院那样来设置。在那里，早上的时间留给音乐课程，而余下的时间就都给通识课了。但是在美国，这是个严重的问题，因为音乐专业课和其他科目全混在一起。不论是公费学校还是私立学校都试图开太多的课程，以至于学生只剩下很少的时间花在自己的专业上或者其他事情上。艺术生还需要学习音乐文献、音乐史以及传记，要对作曲家的人生和创作有一定的积累。比方说像舒曼这样的大作曲家的信件和文献资料，艺术生都要了解、学习过才行。这些是多么有趣且吸引人的东西呀！"

"说到钢琴教学法，我所用的方法完全基于莱谢蒂茨基教我的方法，以及他教其他学生时所用的方法。我知道的都是他教我的，我今天的成就也都是因为他。我开始在维也纳学习后的前八周时间，首先是掌握手型和手臂在使用中的平衡状态；然后再带着准确性和一定的速度练习每一次下键的动作。为了完成此类训练，我从最基础的五指练习开始，每次只用一个手指弹一个音。接下来的训练就包括了音阶、琶音、和弦以及八度练习。每一个部分都要在上一个环节掌握好后再继续。最初，我每天做一小时这种练习，等我的手逐渐变得更有力量后，我便开始慢慢增加这些基础练习的量和时间。"

"之后我开始学习钢琴弹奏中的不同音色，好的音色一定是源于手臂的自然放松与手指和双手力量的自然结合。"

"莱谢蒂茨基的教学方法在我看来每一部分都是既完善又正确的。是的，现今有许多不同作者编撰的钢琴教程，但我在启蒙教学中是不用任何教程的。那些基础的训练才是教学中最关键的内容。我的目标就是帮学生把手练强壮，使得双手的每个部分都既有力又可靠，并帮助学生弥补先天的弱势部分，使得手指力量均衡。这是需要很仔细并有成效的练习才能达成的，我会要求学生在刚开始的九周、十周，或者十二周不弹任何其他的，只做这些技术训练。可以从最容易的练习开始，从一个手指开始，然后两个手指，然后三个手指，直到所有手指。我主张在一段时间内只做技术训练，如此，学生们可以毫无压力地去接收这些方法，他们的精力不会因为要完成一些小曲子而被占用。当这些方法被吸收掌握后，再把注意力转移到音乐本身。如果这之后偶尔再遇到什么方法上的问题，那么它们也是可以被轻易改正的。"

"如果一个来找我学琴的学生，弹了很多作品却没有掌握最根本的方法，不懂怎样才是正确的弹奏或者不懂该如何跟钢琴相处，那么我会建议他停下所有的作品，从头学习正确的弹奏方法。如果一个学生正尝试弹一首简单的奏鸣曲却不会正确的连奏触键，不知道应该如何弹奏出好的和弦和音阶，那么他不可能把这首曲子弹得像样。就像一个画家不懂该如何使用画刷，或者一个艺术家尝试用一根已经钝了的铅笔去画一幅钢笔画——如果想要完成一幅好作品，你必须要有得力的工具。"

"对于方法和技术训练来说，车尔尼的作品299、740以及其他很多作品都提供了无与伦比的帮助。它们简单、直接，并且能够帮助学生周全地关注不同手位的练习以及不同技术动作的弹奏训练。"

"这之后的很多东西，都要取决于学生的个人情况了。如何发现这些并最大限度地帮助学生就是我那位伟大的老师极其擅长的了（当然还有那些追随他的教学方法的学生们），他有着敏锐的判断力以及渊博的学识和教学经验。从他的身上学到这些是我最大的目标。有几年夏天，我曾有幸跟随老师观摩他的教学工作，这也为我的教学带来了很大的影响和启发。"

"我一直在尽最大的努力去鼓励学生提升音乐素养。

为此我坚持主张让学生学习乐理、和声、视唱练耳还有曲式分析。在钢琴课上我没有足够的时间去教授这些。但我有助教帮助他们学习这些科目并给他们一定的训练。再就是，每月一次，我的助教们会带他们的学生来弹给我听，我们会有一个钢琴教学分享课堂。有时候会有十八个甚至二十个学生过来。这样我就可以给予我的助教们以及学生们一些针对性的教学指导，并能随时掌握他们的教学近况。"

"每月第一个周六，我会让我的学生们来家里上一节演奏课，他们弹给我听的同时也弹给彼此听。所有人都要背谱演奏，任何人都不允许看谱。学生们总是跟我讲，他们觉得演奏课很难，因为所有的人都很集中地在听彼此的演奏。如果学生是第一次在演奏课中演奏，要想集中精力诠释音乐尤其难。但是适应一段时间后，基本到了第一学期末，就会变得容易一些了。"

"在我看来，学琴伊始的技术训练同后续对于音乐本身的学习分开，可以给学生打下更坚实的基础，后面也会有更好的学习效果。只要方法正确，有时候真的是很有效的，学生的手指技巧可以在相对短的时间内提高很多。我常常为此感到很有成就感。"

笔者有幸能够作客这学期的最后一次演奏课。八九个学生演奏了一些比较长又比较难的曲目。其中有完整的贝多芬的奏鸣曲，肖邦的降A大调叙事曲，塞萨尔·弗朗克的前奏曲、赋格与变奏曲，莫扎特的幻想曲，格里格的钢琴协奏曲第一乐章，韦伯的钢琴协奏曲，以及肖邦的E大调谐谑曲。从教学的角度来说，这堂演奏课确实很有启发性。所有的学生那天都比较镇静，精力也都比较集中，所有人都是背谱演奏的，没有一个人出现明显的忘谱。这些学生都有着支撑得很好的手型，手指自然弯曲并能够自然放松地活动；手腕都是自然水平的，并极其松弛；手臂从肩膀处摆动，自然稳定，这也使他们能够相对轻松地调整自己的身体状态以适应这些作品的演奏需求；每一个音的触键都扎实有力，音色也都是饱满、歌唱的。我甚至可以从他们中年龄最小的学生的演奏中看到这些。而且他们对于作品有着精准的表达，并有着足够的信念感、力量和技术去诠释这些作品。

9. 卡尔·M. 罗德:
钢琴老师的问题

Carl M. Roeder

卡尔·M. 罗德先生用他的课间时间在卡内基音乐厅的工作室招待了我们，采访中他讲道："我认为将老师的方法消化成自己的方法是进步的必要条件。学生可以从很多不同的方法和媒介中学到处理音乐的办法，然后他需要吸收消化并在自己的练习中反复试验。与此同时，他必须要将所学知识变为自己的东西才行。这是我的经验之谈。"

　　"我小时候也算是比较有天赋的，在很早的时候就有着不错的技术和表现力。我在辗转跟随了一些私人教师以及音乐学院教师学习后，成为了安东·德·康斯基（Anton de Konstki）的学生，那个时候我还是个年轻小伙子，最终成为今天的钢琴'大狮子'了。"罗德先生说到这里也跟着笑了起来，他的话使人想到了"骑士"（康斯基的别称）著名的作品《狮子的觉醒》（*Awaking of the Lion*）。

　　"康斯基的风格是绝妙的，因此我一直很努力地在模仿他。那时我接了不少演出工作，然后意识到钢琴家的收入真的很不稳定，于是我决定教书。在我年轻的时候，我曾以为钢琴老师的生活会很容易。我记得我以前的一位钢琴老师是很有名望的教授，他的工作看上去很轻松。他上课的方式就是把谱子往琴上一摆，让学生开始后，他便退到舒服的沙发上，点上烟斗，悠闲地抽着烟，对学生的点评也没有很多，只是偶尔喊一声'错了！'"

"我也开始教钢琴了。但是很快我就意识到了钢琴教学根本不是我想象的那样，它让我意识到我并没有太多的教学经验。于是我开始让自己去学习如何教学生，如何帮助这些来找我上课的学生。"

"我注意到其中一个比较普遍的现象，就是很多学生在弹奏中都有着手腕或者胳膊僵硬的问题，这种僵硬的状态是一定要摒弃的。我自己弹琴时都是比较放松的，因为我学琴初期的老师们一直给我灌输运用自身重力的方法，这在现今常被人们视为现代方法。但是如何把这种放松的状态传授给他人确实是一个难题。我学习了力量学派代表人物威廉·梅森（William Mason）的方法，发现确实很有帮助，对于放松和力量集中很有启发性。我跟塞巴斯蒂安·巴赫·米尔斯（S. B. Mills）上过几节钢琴课，后来又跟钢琴家保罗·葛里克（Paolo Gallico）上过一段时间的课，他带我认识了古典音乐世界里许多伟大的杰作，又教授了我一些钢琴演奏所需的

核心技术方法。随后我又接触了阿尔蒙·金凯·维吉尔
（Virgil）以及莱谢蒂茨基的方法。维吉尔先生在将钢琴
技术训练系统化的问题上做出了很多贡献，业内要大大
地感谢他才是。在维吉尔先生之前，还没有别人整理过
如此细致入微的教学分析，他所做的贡献使整个业界受
益。在这之后我就一直跟随哈罗德·鲍尔先生学习了，
久而久之，我越来越认识到哈罗德先生是真正的音乐思
想家，是讲授音乐内涵很厉害的老师。"

　　"在我的教学中，我遵循了许多莱谢蒂茨基的教学理
念，在此基础上加以改良和思考，找到了既能够迎合我自
己的技术又对学生有帮助的最佳方法。之后，我便制定了
自己的教学法，将所有对学生未来学习发展有益的基础训
练整理、汇集在一起。我要求每位跟我学习的学生准备一
个空白的本子，在学习过程中，我会逐渐在本子上添加对
于学生个人当下的钢琴学习有益的训练。"

基础练习

　　"我会从一个基础列表开始，通常会用大概十个左右

的基础练习开启初阶教学，概括地讲，就是钢琴初阶所需的所有基础训练。首先，双手要形成一个拱形姿势，手指自然弯曲并保持稳定。学生必须学会正确使用大拇指，因为许多学琴者根本没有学会控制自己的大拇指。"

"待学生双手保持正确稳固的手型，手臂从双肩处自由下垂，这个时候我会开始让学生做手臂和手腕的运动练习，目的是使学生尽可能地去感受自己手臂的重量并将其切实传递到每个手指的指尖处。因此，每个手指都需要保持自然弯曲的状态，然后通过手臂和手腕的回转运动下键。当学生掌握这一点后，接下来可以学习一些以手腕运动为支点的断奏触键练习。在这种双手断奏练习中，有一种重力敲击的原理，正如你所见。但是这种重力敲击的触键方法恰恰能够使断奏直接且精准，我认为对于学琴，这是必要的。在这之后，需要关注一下手指运动。当然，这个过程需要循序渐进，首先只练习一个手指，然后两个、三个、四个，直到所有手指，并尽可能地做不同手指的组合训练。这样，我们就可以引导学生练习大方向上的手臂放松运动和具体的手指运动。要运用'大方向到小具体'的教学思路，而不是单纯地做进阶练习。我意识到钢琴教学中最重要的首先应当是帮助学生建立放松的感觉，然后再逐渐训练学生的手指跑动能力，要在开始挖掘手指功能之前先找到最放松的状态。当这些基础的要点都被掌握后，才逐渐开始颤音、音阶、琶音、和弦、八度以及双音等各种训练。与此同时，还需要关注学生的节奏感，指导他们进行各种不同方式的触键及力度训练，学生也需要开始接触和学习和声及曲式结构。"

练习曲教材的使用

"对于学琴三四年以上的学生，我会使用大量技术练习曲，并从许多教材中仔细挑选。杜维诺依练习曲Op. 120，贝伦斯练习曲 Op. 61，还有车尔尼练习曲Op. 740 都很好，我认为 Op. 740 比起稍老套一点的Op. 299 要有意思许多。斯蒂芬·海勒（Stephen Heller）的技术训练也是必不可少的，他的作品旋律优美且极具音乐性；阿瑟·富特（Arthur Foote）的练习曲 Op. 27也是非常有帮助的；还有爱德华·麦克道威尔（Edward MacDowell）的练习曲 Op. 39 和 Op. 46 也是极好的。虽然克拉莫练习曲以及克列门蒂的《名手之道》会稍微老一些，但我时而还是会选用的。"

"对于更高阶一点的学生，我发现恩斯特·哈伯比尔（Ernst Harberbier）练习曲 Op. 53 很适用，有一些曲子写得真好。约瑟夫·凯斯勒（Joseph Kessler）练习曲 Op. 20，还有莫什科夫斯基练习曲 Op. 72 对于高阶的钢琴学生来说，很好地囊括了各种丰富的技能训练，当然这些也是为阿道夫·冯·亨泽尔特（Adolf von Henselt）钢琴练习曲、鲁宾斯坦钢琴练习曲、肖邦钢琴练习曲及李斯特钢琴练习曲打下坚实基础的作品。我认为练习曲在弹奏技术和方法的实际应用方面很有价值，对于演奏艺术的综合培养也有很大的帮助。一些钢琴老师主张在乐曲练习中训练技术，而不再使用单独的练习曲教材；但我认为一首练习曲有时比一首乐曲还要有学习价值，因为在练习曲中，一个明确的技术训练总是以各种各样的方式反复被强调。虽然我不要求我的学生将练习曲背奏，但我总会要求他们完整地学完每一首练习曲，只有这样，学生才可以从这些练习曲中得到最大的助益。"

对教学有益的书籍

"还有几本书对我的教学生涯很有帮助。主要是赫尔曼·H. 霍姆博士（Dr. Herman H. Home）的两卷书：《教育哲学论》（*The Philosophy of Education*）及《教育心理学论》（*The Psychology of Education*）。还有一本对我甚是有帮助的书，是威廉·詹姆斯的《与老师们聊聊心理学》，每位教师都应该拥有这本书。"

"你刚刚问我，当我遇到那种弹了许多年琴却还是有很多不正确的方法的钢琴学生，我会如何处理。那么，就让我们假设有一个学生，他弹了许多年琴，但是缺乏正确方法的引导，胳膊和手腕都是很紧张的，手掌和手指都呈现蜷缩的状态，完全没有掌握放松的诀窍。如果我遇到这样的学生，第一反应是让这个学生先站着学习放松自己的胳膊、肩膀和身体，然后再学习呼吸。但是放松绝不是这时唯一需要解决的问题，在找到放松的诀窍后，需要解决系统性的问题，那就是在必要的地方不断地去加强和巩固。学生必须要理解弹琴绝不是傻坐在钢琴前，一天练上六七个小时。手指技巧性的练习只是初阶练习。有人曾说，弹琴就像是头、手、心的三位一体的训练。我总是试图在教学中唤醒学生的头脑，给学生一个更宽广的视野，并向他们传达钢琴演奏是一种表达，是以音乐为媒介，去挖掘那些诗人、画家以及思想家努力想要传达的东西。为此，一直以来我都努力地去激发学生对宇宙万物的认知的热情，挖掘人类智慧的结晶以及事物背后的精神高度。"

关于音乐诠释

"在这个问题上我认为应当避免谨小慎微，就好像我们不能告诉学生说这首曲子你必须这样去弹。我们更应该做的是，告诉学生自己是怎样理解的，并告诉学生这样理解背后的具体原因。我一直坚信优秀的钢琴老师也一定是优秀的钢琴演奏者。他应当理解音乐中的每一个小的细节，并且自己可以游刃有余地去演奏和诠释，不然，他该怎么向学生清晰地示范讲解呢？许多微小的细节，色彩和乐句的微妙之处，音乐效果的魅力或者精湛之处，是很难被口述清楚的；这些必须要演示给学生。并且，只有走过这条路的人才能给予学生确切和细致入微的指导。大作家托尔斯泰就曾讲过，除非他生活在人民的中间，分享他们的疾苦，体会他们的需要，否则他无法成为能够真正鼓舞、帮助他们的那个人。那个认为音乐家和作曲家都是怪人，只懂音乐却不懂任何其他知识的时代早已过去了。如今我们认识的伟大作曲家都是有着大智慧和丰富学识的人，他们总是致力于将自己的才能发挥到极致。只有最好、最完美的成果才能让他们满意。就像英国作家乔治·艾略特（George Eliot）曾说过的：'天才是能够承受无限痛苦的人。'想一想贝多芬是多么仔细地斟酌自己的每一个乐句的创作，有些甚至反复修改了无数次，直到他觉得满意才罢休。"

说到那些优秀的欧洲钢琴教师，罗德先生说：

"我们听过很多莱谢蒂茨基钢琴教学的方法；一旦所有基础的方法被学生掌握后，对于莱谢蒂茨基来说，手指技术就成了其教学中次要的东西，他还会要求学生继续训练手指技术，但不会太过。莱谢蒂茨基更多关注的是对于作品整体的诠释与理解，具体地说，就是如何能够更有效地将作品展示给听众。他会让学生特别关注曲子中的这一部分或那一部分，将这里加重，或将那里做稍微夸张的表现，为的就是将音乐的整体画面更生动地展现给听众。对于那些技术水平充分的学生来讲，哈罗德·鲍尔也是一位在教授如何演奏与诠释作品方面极其厉害的老师。虽然有些去找他学习的学生还不具备足够的能力完全理解和掌握他所传授的内容，但是对于那些懂得将注意力放在理解和诠释作品上的学生，哈罗德真的是一位很有启发性的老师。他会在一开始帮助学生挑出一些典型的乐句，并引导学生分析，告诉他们随着音乐不断发展，相同的动机是如何在作品中衍生、变化的。然后他会给学生讲授作曲家是如何通过这些脑海中的小细节将曲子塑造成最终的完美作品的。最终，哈罗德先生会从这些表面的曲式结构和动机设计进一步深入作品更深刻的部分，从而让学生感受到整个音乐作品所蕴含的意义和力量。"

"毋庸置疑，这个时代是浮躁的，艺术的伟大使命是传扬那些能够振奋和鼓舞人心的理想主义精神。所以从某种程度上来讲，教师必须做正义的传道者。教师要明白这个通俗的道理：'想要用泥土制作一件美丽的装饰品，首先要经过火炼。'只有那些能够忍受磨炼的人才有希望取得成功。"

关于演奏者个人风格的问题

"如果你问我，一个钢琴演奏者可以在多大程度上将自己的风格带入演奏之中，我的回答会是：演奏者个人风格的融入必须在完全尊重作曲家的创作意图的情况下完成。如果个人的演奏风格特点可以使整个作品的画面感更加丰盈，为作品增添魅力、趣味以及音乐效果，那么他的演奏是值得赞赏的；如果演奏者的个人风格影响了作品原本的艺术意志，引起了人们在作品之外的注意，那他的演奏是不应当被认可的。因为那不是真正的艺术，而是自负虚荣。"

"我既教授高抬指的方法，也同意力量学派重力触键的方法，但这一切的前提必须是学生先掌握手臂自然放松的方法。对于手指独立性和精准度的训练，我是主张高抬指的，这对于大篇幅的手指跑动来说也是必要的。但我同时也主张训练学生身体、手臂还有手腕的自由放松，再通过坚固的拱桥式手型使手指自然放松触键。放松的状态可以保障演奏者轻松地控制想要的力度、速度，以及声音的敏感度，从而使整个身体技能可以完全服务于大脑，最终可以更好地去演奏。换言之，我既不想要无限制自由的无政府主义，也不信奉追求约束与限制的专政主义。在钢琴演奏中，或者在其他专业上也是这样的，那就是所谓的'求适中之道'。"

10. 凯瑟琳·古德森：

拜访一位艺术家

Katharine Goodson

如果你常常去音乐厅听自己很喜欢的一位钢琴家的演奏，并在音乐会过程中默默研究、学习这位演奏者的触键、音色，以及音乐诠释，那么有一天，当你有幸亲身来到这位演奏家的家中做客，与这位惊艳了无数听众的钢琴家面对面，聊那些曾经给人们留下深刻印象的演奏，那真的是一种无与伦比的满足和喜悦。

我最近就非常有幸与这一对艺术家，即阿瑟·辛顿（Arthur Hinton）先生和他的夫人有一些密切的互动，后者就是全世界家喻户晓的著名钢琴家凯瑟琳·古德森。他们在伦敦有一个安静、美丽的家，一个真正的艺术家之家。一踏入他们家，我就感受到了他们的温暖与热情，他们完美和谐的夫妻家庭生活也是很好的榜样。众所周知，辛顿先生是一位作曲家、小提琴家和钢琴家。他们在房子一侧装修了一间漂亮的通向花园的琴房，房间里有两架三角琴，放置在搭高的台子上。这间琴房是古德森女士的工作室，也是她的一方净土。在这里，她可以尽情地练习钢琴协奏曲，因为有两架钢琴，所以随时可以在另一架琴上演奏管弦乐队的部分。在房子的顶层，辛顿先生还有一间自己的工作室。

花园琴房的一端有一扇巨大的拱形窗户，透过窗户便可以看到花园里的花草树木。这样的布置让人很容易想象自己正在某个森林木屋度假——我真是这样觉得的！琴房里的所有布置，甚至整个房子的布置，每一件家具和每一种色彩，都充满着健康和谐的艺术气息。古德森女士无论是对家装色彩的协调性还是她所演奏的作品中和声色彩的控制都有着敏锐、细腻的独到见解。

"我接下来的巡回音乐会将是我在美国的第五次巡演。"古德森女士说道，"我非常享受在这里演出。纽约、波士顿、芝加哥和费城都是很欢迎古典音乐会的城市。虽然在伦敦确实有大量的音乐会，但是只有很少的音乐会是满座的，并且那里的人们仿佛还是不比这里的观众更懂得欣赏古典钢琴。在这里，即使是一些小城市，人们也常常是对钢琴音乐会很有热情的。"

"我记得我曾有一场独奏音乐会，开在了美国西部一个人口不超过四万的小城市，这场音乐会是由当地的一个音乐俱乐部安排的，他们提前许久就问我要了演出曲目，并去了解和学习了这些曲目。演出那天来了非常多的人，因为外地的音乐爱好者也赶了过来。我记得有三位年纪稍长的女士在音乐会后向我问好，临别时她们说'明天再见'。我事后想起来时好奇她们是什么意思，因为我第二天晚上的音乐会是在离那里很远的地方举行的。但当第二晚的音乐会结束后，她们又来跟我打招呼了，这使我着实惊讶。'你看，我们又来了，昨天跟你讲了我们今天还会来呢。'你可以试想一下，驱车从伦敦到爱丁堡只为听一场音乐会！当时那两场音乐会的距离就是差不多这么远。这件事足以证明美国听众对于音乐和古典钢琴的热爱。"

"我希望这次可以演奏勃拉姆斯和帕德雷夫斯基的钢琴协奏曲。帕德雷夫斯基的钢琴协奏曲真是一部好作品，其中的慢板乐章是极其优美的。只是到目前为止，我还没能花太多时间学习这部作品，因为我才结束了一次持续了很长时间的巡演，去了挪威、瑞典和芬兰。这场巡演着实鼓舞我，他们现在想让我再回去演出，只是我近期不能去了，下一个音乐季也不行，再之后大概就可以了。巡演回来后，我觉得自己非常需要休息，不过，马上我就得开始认真工作了，因为夏天是全年中唯一一个让我可以静心练琴的季节。从现在开始到我们去格林德瓦尔德（Grindelwald）度假前，我有完整的六个礼拜的时间练琴。在去格林德瓦尔德的途中，我们会在摩尔赫斯（Morges）短暂停留，去拜访一下帕德雷夫斯基先生，我可以把帕德雷夫斯基先生的钢琴协奏曲弹给他听，让他给我一些音乐诠释上的建议。"

凯瑟琳·古德森

通过分析辅助背谱

"你刚刚问我是如何背谱的。首先我会将曲子从头到尾顺几遍，大概对全曲有一个整体的感觉。然后我会进行作品分析，因为掌握曲子的和声、调性和曲式结构是非常有必要的。对一部作品的研习应该细致谨慎到甚至换一个调依然可以熟练弹奏的程度。在实际背谱的环节，我通常会一句一句地背，不过我不会总是'分手'，偶尔视情况而定才会分手练习。我记得我学巴赫 A 小调前奏曲和赋格的时候就是按照这种方法背谱的。如果现在有人要求我弹一下这首曲子的任何一个小节或者片段，我是可以做到的，背下来的音乐就永远在我的脑海里了，不会忘记。"

当我们聊到关于钢琴教师们使用莱谢蒂茨基的方法教学时的差异性问题时，她说道：

"我们都知道，有时候一些人虽然宣称自己理解和主张使用莱谢蒂茨基的方法进行教学，但他们并不一定具备足够的能力。比方说，我曾遇到一位主张莱谢蒂茨基教学方法的教授，要求学生遵循所有的指尖都保持在一条水平线的手型。我自己从来没有这样做过。我还是主张在键盘上自然放松的手型。如果是自然放松的拱桥手型，那么三指自然要比大拇指和五指在更远的位置上。当然在手掌保持拱桥手型的情况下，离指尖最近的第一关节必须要坚挺；这个关节不应该出现折指或者内扣的情况。整个手臂也应当放松，从肩膀处自然摆动。"

弹钢琴的手

"正如你所说，我有着一双很适合弹钢琴的手，也许是很大程度上取决于这一点，我一直有着许多人所谓的自然技巧。因此当我有一段时间因为一些原因被迫不能练琴时，我也不觉得自己的手指技巧性变差了，一个小时的练习就可以让我感到手指又恢复了以往的状态。那么在这一小时里我具体练些什么呢？答案是各种不同的练习。首先，简单活动一下手指，弹一些有助于手指伸展的和弦；然后再弹一些音阶和琶音；接下来再弹一条肖邦练习曲；等等。当我能够有充分的时间每日规律地练琴的时候，我通常不会一天练习超过四个小时。在我看来，如果四个小时里我都能全神贯注、集中精力的话，那么这个练习强度对我来说就足够了。"

后来，我们休息的时候来到了琴房外的花园，他们的宠物猫咪也加入了我们，它是一只美丽的灰色安哥拉，是主人的宠儿和骄傲，也是家中的重要人物。它喜欢时不时地窜到古德森女士的肩膀上，然后以一种满足的姿态环顾着周围的世界，确实是蛮有灵性的。

11. 马克·汉伯格：
曲式、技术和音乐表达

Mark Hambourg

我们在伦敦最安静、最与世隔绝的一角找到了来自俄罗斯的钢琴演奏家马克·汉伯格先生的家。房子坐落在一个大露台之上，"远离尘嚣"，让偶尔好奇的人们也都望而却步。这些古雅清新的廊道、小路，通常被称为"梯道"或"花园"，你如果不亲眼看到，就很难想象它们的样子。这个特别的露台朝向一个闲适宁静的森林公园，繁茂的树木在阳光的照射下郁郁葱葱。这座房子是一百多年前建造的，空间大且舒适；房间宽敞明亮，客厅与书屋相连接，成为一个绝佳的音乐沙龙空间。在这座房子中，有着众多无价的画作和艺术品，有着精致的色彩，有着十足的空间感和私密感，确实，职业艺术家必须要为自己的工作和生活找到一个最理想的空间。汉伯格先生进来后，我首先表达了对这座房子的感觉，然后很快我们就开始讨论关于钢琴老师和钢琴演奏者的老生常谈的问题了。

"我同意你的看法，"他说道，"学钢琴最困难的就是基础，这个阶段中老师有着很大的责任，只是许多老师都不能胜任。我甚至觉得欠缺资质的钢琴老师比差劲的声乐老师还多。因为发声系统是看不到的，只能靠感觉，所以声乐老师可能还多一些借口。但是对于钢琴来说，我们是清楚地面对琴键和手指的。因此，掌握正确的弹奏方法不应该那么难才对！然而，似乎只有很少一部分人掌握了正确的弹奏方法或者懂得传授正确的方法。"

"我在这里听过一些年轻的钢琴家演奏，"我说道，"我注意到他们的手指动作都是比较少的，用的都是手指贴键的方法。您主张这种方法吗?"

贴键弹奏

"别忘了几个世纪以来，英国一直是一个管风琴之国；毫无疑问，管风琴演奏的触键方式对于钢琴弹奏有一定的影响。有的学派主张钢琴弹奏应当高抬指、快下键，从而获得更强的手指力量；但我认为这样下键弹奏出来的音色质量往往不那么好，会有些刺耳。再有，我认为高抬指会影响连贯程度和弹奏速度。就我自己而言，我主张尽可能贴键弹奏，这种触键方式会使音色更柔和灵动。"

"关于手型，我确实想问您一个问题。我了解到有些老师主张指尖靠近琴键边缘，并保持在一条水平线上；但在我看来，这样的手型似乎有些紧张，并不是自然放松的。"

汉伯格先生听后微笑着表示认同。

"我不主张任何紧张和不自然的方法，"他回答道，"很多人以为好的触键音色是天生的，不是后天的。我不能同意这个看法。我相信，学生通过适当的学习是可以获得良好的触键技术的。重中之重是首先学会放松手腕。这一点听上去简单，但却是很多钢琴弹奏者所欠缺，或者没有完全理解的。无论演奏者对音乐的感受有多深，如果手臂和手腕总是很僵硬，那么是很难做出动人的音乐表达的。确实，有些人天生适应性好一些，追求好的音色对于他们来讲也许本就相对容易；但是，只要肯花足够的时间并耐心地思考，我相信一定可以达到目标。"

马克·汉伯格

关于练琴量

"关于练琴量,我不认为一个想要成为钢琴家的人每天大量练琴是件有智慧的事情。在我看来,每天能够集中精力地练习四个小时就已经足够了。因为练琴最重要的还是靠质量。'熟能生巧',不是一直不断地重复,而是不断地聆听和思考。我建议学生在反复练习一个段落几次后停下来,仔细思考一下音乐背后需要理解的东西。这个停顿还可以让耳朵和手得到休息,停顿一会儿后就又可以重整精力继续练习了。"

"我常常被邀请写一些关于弹琴技术的文章，我写了几篇，后来被出版成册。如果你看一下我的这些文章，大概就会了解我关于这些问题的看法了。我自己没有带很多学生，只教几个比较有才能的学生；我的学生一定得是与众不同的。因为，我不一直住在伦敦，每年大概只能在这里待四个月左右，剩下的时间基本都在世界各处旅行。只有在这段稳定待在伦敦的时间里我才能静心做一些工作。这里通常都很安静，不过动物园离这里不远，所以偶尔有狮吼声陪伴我练琴。"

　　"尽管我发现有时候公众并不是很喜欢新作品，他们往往更想听那些人们已经比较熟知的曲目，但我还是在一直不断地学新的作品来扩大自己的曲目量。如果是在不得已的情况下，观众可能会愿意听一下新作品，但如果节目单不掺杂一些他们熟悉的曲目，恐怕他们不会愿意来听这场音乐会。"

　　"我之前去美国巡演了几次。从一个演出地点紧接着到下一个演出地点的奔波虽然很疲惫，但是我切实地感受到了那里的听众对于古典乐的热情。他们总是期待见到最好的钢琴家，并且可观的票房收入也让那些经理人能够承受与顶尖的艺术家的合作。在伦敦，举办一场独奏音乐会的费用只需要大约两百美金，几乎任何人都能承担得起这笔费用从而在公众面前亮相。但在美国，这项开支是伦敦的四到五倍。也难怪只有那些很优秀的音乐家才会愿意冒险。"

临走时，汉伯格先生带我们参观了另一个房间，在那里他很开心地给我们展示了一幅珍贵的画作，是汉伯格先生很喜欢的早期意大利学派画家多梅尼科·基尔兰达约（Domenico Ghirlandajo）的作品。

12. 托比亚斯·马太：

观察艺术教育家的工作

Tobias Matthay

我们到达伦敦后的第一件事就是去拜访著名的作曲家和钢琴教育家托比亚斯·马太先生，因为他的名望早已传到了大洋彼岸。

一直以来，马太先生致力于研究如何将正确的钢琴技术和方法更清晰明了地传授给学生甚至幼儿。如果说他的研究是革命性的，那是因为许许多多的普通钢琴教师还不真正理解这些问题。他所做的这些研究工作引发了许多人的关注和钦佩，就连那些起初质疑他的人现在也认为他的研究确实很有用。我相信马太先生的著作很快便会在美国获得更大的知名度。他的著作包括《多样性的触键动作》（*The Act of Touch in all its Diversity*），《钢琴演奏的首要原则》（*First Principles of Piano Playing*），《放松研究》（*Relaxation Studies*），《儿童学钢琴的第一步》（*The Child's First Steps in Pianoforte Playing*），《指法和踏板的使用准则》（*The Principles of Fingering and Laws of Pedaling*），《钢琴演奏中小臂转动的原则》（*The Forearm Rotation Principle in Pianoforte Playing*）。还有一本著作——《演奏处理教学的原则》（*The Principles of Teaching Interpretation*）尚在印刷出版过程当中。这些著作都很有启发性和学术性，从题目就能看出马太先生在钢琴教育上有着深刻的思想和见解。

马太先生的工作十分繁重。他是英国皇家音乐学院高阶钢琴教学方向的教授，也是他自己创办的音乐学校的校长。他从早到晚都忙得很，有时跟他说上句话也很难得。我非常有幸参与了马太先生一小时的课程，并获得了在皇家音乐学院听几节专业小课的许可，还聆听了一众学生的音乐会。

从外貌上看，马太先生是个引人注目的人物。他的脑袋和五官让人联想到英国小说家罗伯特·路易斯·史蒂文森（Robert Louis Stevenson）。他身材高大健硕却像文人学者那样驼着背，不过想一想他每日要坐着工作那么久也就不觉得稀奇了。每当聊到他感兴趣的学术问题时，他平时干练直接的讲话态度瞬间带上了几分亲切。他在与学生的日常交往中也总是很和蔼可亲、富有同理心的，常常鼓励他们。所以他的学生对他也甚为敬重。

马太先生主张，初学钢琴的学生在尝试弹奏任何曲子之前都应该先学习基本的音符时值、节奏、拍号以及做听觉训练等。当开始接触乐器的时候，老师应该仔细地讲清楚乐器的运动机制，以及怎样才可以弹出好的音色。马太先生曾在他的《儿童学钢琴的第一步》中说过："在学生尝试发出声音之前，必须要明白弹琴是为了能弹出好听动人的音乐。很多学生都容易走上忽略音乐性，只是枯燥地弹奏音符的误区。要想弹出'音乐'，我们必须明确手里所弹的音符的意义，就好像说话是为了清晰地传达某种意思，从嘴里发出的声音只有形成合理的短语或句子才能够让别人理解。"

接下来这个问题就非常清晰了。马太先生清楚地解说了音乐的曲式结构是如何暗示音乐的发展进程的：乐句的发展永远是朝着终止而去的；一串音符的发展永远是朝着节拍或者律动而去的；一首曲子的发展永远是朝着高潮而去的；等等。马太先生在过去二十年中所进行的这些对于曲式结构的研究，已被当今英国越来越多的音乐理论家和钢琴教师所接受。

关于手指技术，以及如何在弹奏中训练不同的触键方式和音色的问题，马太先生做过许多研究。他曾在自己的《钢琴演奏的首要原则》中讲道："钢琴触键技术最关键的两个原则：永远要感受琴键的回弹力——感受键盘对每个音符的需求；总是在声音发出的瞬间就注意聆听，慢慢你就会习惯将注意力放在声音上，而不是放在键盘上。不要用击打的方式按下琴键，也不要用手指的力量敲击下键。双手应当自然放松，指尖自然贴在琴键上，在手指缓缓下键的过程中，应当依靠琴键的反作用力运动。不同的触键方式会产生不同的声音效果，但这种依靠琴键反作用力运动的触键方法应当是触键的根本。并且每次只有当琴键下落到同样深的位置时，琴弦才会发声。"

在同一本著作中，马太先生还这样总结道：

"（a）下键时，只有让琴键另一端的琴槌敲击到琴弦，钢琴才会发声；（b）速度越快，音量越大；（c）触键的速度越缓慢，音色就越柔美；（d）想要绝美的音色，你需要通过不同的触键方法掌握琴槌敲击琴弦的技巧，但这绝不意味着单纯地敲击琴键，那样的触键方法是错误的；（e）下键时必须"瞄准"琴键发声的关键，因为当你听到声音的时候正是琴槌敲击琴弦的时候，在那之后，声音只能自然延续，如果这时想要做点什么去影响声音效果就太晚了；（f）下键时强行挤压琴键是错误的，因为那样会阻碍好的音色的产生，削弱音乐效果，阻碍触键的灵活性，当然还会使弹琴者感到疲累；（g）触键时必须要找到琴键发声的关键点，长此以往就可以掌握每个音需要的下键力量的多少，就不会偶尔过度用力。"

马太先生尽可能详细地就触键和弹奏技术的问题进行了说明。比如，他讲解了各种不同的音色是怎样产生的，包括好的音色和不好的音色，还有对于乐句语气的掌控，以及如何轻松掌控敏捷度和技巧性。他还解说了一些可能会阻碍做到这些要点的错误的动作和方法。他向我们展示了如何用放松的手臂弹琴，以及应该怎样去控制手臂的重量。他清晰地解释了两种截然不同的触键技巧：一种是尽可能地放平手掌，用指肚下键；另一种是用坚挺的指尖下键。然后他详尽地讲解了弹奏中关于小臂转动的应用问题，这是一个许多人不太理解的问题，但恰恰是弹每个音时都要用到的部分。

说到钢琴教学法的问题，马太先生对我讲道：

"我并没有创立自己独一派的钢琴教学法，而且我似乎也没有对那些创立独到学派和教学法的同行有过多的信心。我的研究仅仅是告诉大家如何去弹琴，那些好的方法或者错误的方法是如何产生的。一些钢琴教学的基本要素和原理，是每个弹琴的人都应该掌握的，但是我很抱歉地说，许多人都没能真正领会到，甚至是那些极有名望的老师。优秀的钢琴家有时会在练习中反复尝试，直到找到自己想要的效果，只要状态允许、时间条件许可。但是有时他们也许无法解释清楚自己是如何做出了那样美的音乐效果的。比方说，你可以尝试问问那些很厉害的钢琴家如何弹奏八度，他们可能会告诉你，'哦，我就是这样弹的'，然后紧接着做一下示范，但他们解释不清楚具体是怎样做到的。就我自己来说，我曾做过很多试验并努力想要找出其中的关键，就是那些影响音色和音乐表达的方法和因素。我曾研究过鲁宾斯坦的演奏，因为我发现他弹得比我好太多了。因此，经过后来不断的聆听观察，我在他的演奏中发现了许多关键因素，当然我估计他自己也很难具体地说清楚其中的玄机。这些因素是实实在在存在的，我甚至请了许多同事一起来分析鲁宾斯坦的演奏，他们也证实了我的研究。不仅如此，我还将我的研究分享给一些从前质疑我的同事，如今他们也认可了我的这些分析。"

"老师的工作应该是体现在教学成果之中的，这是不言而喻的。就我自己而言，我不为自己宣传，因为我大概教出了上百名钢琴学生，这一点也不夸张，他们都得以在幕前工作，有些成为职业钢琴家，有些成为比较成功的钢琴教师。"

"如果说有一件事情深深地激怒了我，那就是有太多资质不够的钢琴教师了。有的老师会跟学生讲：'你弹成这个样子不行，你必须弹得更好才行。'但他们却不告诉学生如何才能弹得更好。他们给学生留大量的练习曲、奏鸣曲和乐曲，却根本没有触及学生的核心问题。这种教学比起声乐老师假唱还要差劲；我真的觉得这样很糟糕。"

我很荣幸这次能够在皇家音乐学院听了几节马太先生的钢琴小课。其中几个年轻人在准备争夺一块奖牌，都在练习同一首曲子，是卡尔·陶西格（Carl Tausig）改编的小约翰·施特劳斯（Johann Strauss Jr）的一首华尔兹随想曲。

在课上，马太先生首先会完整地听一遍学生的演奏，然后再回到曲子的开头，从头帮学生处理和改正有问题的地方。他在处理作品的时候全情投入，头和手都跟着音乐运动，就像指挥家指挥乐团一样。他时而在高音区弹一些和弦来激发学生用更多的力量，时而把手放在学生的胳膊上，提醒学生此处应该控制一下，让声音柔和一些。他总用那根蓝色铅笔不断地帮学生在谱子上做标记。每到间歇处，他就会给学生讲讲这个地方应该如何理解，以及这个地方应有的音乐效果。总体来说，马太先生的钢琴课确实对学生很有帮助和启发性。

我还参加了一场学生实践音乐会，在那里我看到这些学生令人惊叹的表现。有一些年龄很小的小朋友，男孩、女孩都有，都弹了程度较深的作品，像是格里格为双钢琴而作的变奏曲，韦伯的《邀舞》，以及一些肖邦和李斯特的作品。他们的演奏既流畅又准确。几乎每个学生都是背谱演奏。他们的声音充满了音乐性和力量，并且这些学生似乎都对所演奏的作品有着比较深刻的理解和认识，清楚地知道自己在哪个地方该做什么。他们绝对是马太教授这句箴言的例证：

"如果不是为了做出好的音乐，那就不要弹琴。"

在我离开后不久，我便收到了一本从出版社寄来的新书。这本书的完整书名是《音乐诠释：规范和原则及其在教学和演奏中的应用》（*Musical Interpretation：Its Laws and Principles，and their Application in Teaching and Performing*）。这本书的内容本来是马太先生以日常讲课的形式呈现出来的，后来在许多人的强烈要求下被印刷出版。作者本人称他一开始也没有想要将如此复杂的内容进行系统性说明，但是后来他还是选择了以下七个方面进行阐释：

1. 练琴和弹琴的区别。

2. 教学与填鸭式教学的区别。

3. 如何将脑海中的想法变成演奏中的实际音乐表达。

4. 关于节拍和音乐形态的正确理解。

5. 关于伸缩处理（*Rubato*）的要素及其应用。

6. 关于时值和踏板的要素及其应用。

7. 关于音色变化的细节要素及其应用。

这其中的一些主题相信会引发读者的停顿和思考。这些主题的确引人深思。教师的终极目标应当是沿着正确的方向不断地引导学生，引导学生在弹奏中一直不断地思考和聆听。教育不是仅仅指出学生的问题，教师必须要给学生讲清楚是什么导致了问题的出现，以及改正错误或者提高水平的具体办法。在这本书中有关伸缩处理的章节里，马太先生引用了许多知名作品的段落进行详细分析，为大家更清楚地讲解 *Rubato* 的应用。他认为人们常常在弹奏中错误地处理 *Rubato*，或者不理解该如何使用这种处理，以为这种处理意味着打破节拍的限制，但其实真正的 *Rubato* 是在节拍限制的基础上去寻求一些节拍上的通融，并不是真正打破节拍。如果我们在某些音符上给予它们更多的时间，那么必须要在乐句中的其他地方再争取一些时间，从而获得节拍上的平衡。

关于踏板，马太先生在书中通过大量的实例进行了讲解。作者公开谴责了延音踏板的滥用问题，踏板的滥用可能会毁掉我们手上精心控制的乐句和声音效果。而踏板的滥用主要是由于在弹琴时缺乏聆听造成的。

他的书中有大量值得学习和思考的知识要点。他语重心长的态度，还有那独具思想的表达，都充分引导和启发着读者。我认为每一位认真教学、把学生放在心上的教师，都该认真读一读，琢磨一下马太先生的这些文字。

13. 哈罗德·鲍尔：
钢琴的音色问题

Harold Bauer

在巴黎老城区中心的一条狭窄而又繁忙的街道上，坐落着一座老房子，而它正是钢琴大师哈罗德·鲍尔的家。

你如果不熟悉巴黎这个城市，可能不会想到，在那些跟吵闹的商业街相连的不起眼的建筑物背后，竟住着有着极其高雅的艺术品位的人。建筑物的所有入口看上去都是一个样子，就好像墙上的裂缝。我在其中一个门洞面前停下，走进去后穿过一个铺了路的小院子，爬上蜿蜒的石阶，在一扇朴素的木门前按了门铃，然后就被领进了鲍尔先生的家中。我一进去都没敢讲话，唯恐我眼前所见会像仙女的魔杖那样挥一挥就突然消失了。我刚刚不是还在那条有些脏乱的街道上么，但眼前的我却身处这个美丽的房子里，内饰优雅奢华且极具品位，充满了宁静祥和之气。宽大的窗户外是一座可爱的小花园，为整个画面增添了最后一丝悠然。

鲍尔先生此时正在后面的会客厅给学生上课，从那边时不时传来深受大家喜爱的那首肖邦奏鸣曲的主题。下课后，鲍尔先生便朝我走了过来。

"是的，这是一幢老房子，这样的老房子在巴黎都快消失了。"鲍尔先生回答道。现在这种建筑物确实所

125

剩不多了。这幢房子得有至少三百年的历史。在巴黎的这一区，在这条巴克街上，你确实会看到几幢像这样的古老而又不起眼的建筑，但里面完全像华丽的宫殿。这些建筑物后面应该也都带着很漂亮的花园；但因为这些老房子都很隐蔽，所以从外面看去根本就让人无法想象这些房子的宏伟和美丽。

接着他带我去了他的工作室，我们在那里聊了一个小时。

哈罗德·鲍尔（后排居中）与朋友们
（前排从左至右：小提琴家弗里茨·克莱斯勒、指挥家沃尔特·达姆罗施和大提琴家巴勃罗·卡萨尔斯，于 1904 年）

"我开车过来的时候就在想，"我开始说道，"我们的谈话具体该聊些什么，因为我见您已经在公开场合发表了很多的讲座内容。我想到要问问您是如何拥有如此美妙的音色的，以及您是如何将处理音色的方法传授给他人的？"

鲍尔先生想了一会儿。

"我不确定自己是否真的成功拥有你所说的那样的音色；关于这个问题我想说，单个音符的音色好坏并没有什么意义。我们所说的好的音色只有在一个音和其他一些音相关联的情况下才能够成立。无论是你、我，还是街上随便一个对音乐一窍不通的人，如果各自按一个琴键，从乐器本身的性质来说，无论是谁来弹这一下，可能声音都是差不多的。只有当连续弹奏两个及两个以上音符的时候，弹奏者才可能通过触键强度的变化去塑造不同的音色，这个时候才可能产生我们所说的好的音色。一味地均匀、直接的声音是单调死板的。只有变化才有可能给音乐带来生命力。就连说话的声音也是同样的道理。如果一个人一直用很均匀平缓的语调说话，那听上去一定是很无聊的。"

音色变化

　　"现今无论是歌手还是小提琴家都可以使一个单音也有着美妙的音乐效果；因为对于声乐或者小提琴这种乐器来说，虽然单音看似没有太多的变化余地，但它们都可以赋予单音尽可能丰富的表现力。但是，在单音上做音乐变化却是钢琴这件乐器无法做到的；不过如果是一连串的音，弹奏者便可以通过它们之间的差异和联系，轻松地做一些音色变化。反过来说，如果对于这个音的表达处理是处在正确的音乐环境之中的，那么不管多么刺耳，它都可能是好的音色效果。在一句情绪比较激动的乐句中，歌手的声音也许会因为情绪而短暂破音。没能正常发声的那个地方也许不会有好的音色，甚至可能是不和谐的，但人们通常不会去过分关注那些，反而会被演唱背后的含义所打动。在钢琴上同样偶尔有可能在一句话中有那样的一个音，如果单独挑出来，听上去可能是尖锐的或者不舒服的，但是只要它赋予了乐句正确的意义和效果，那么它在乐句中的存在就是美的。因此，正是音符与音符之间的关系使钢琴弹奏中'美的音色'得以存在。"

"钢琴学习中一个普遍存在的问题是，许多钢琴老师和弹钢琴的人并不足够了解自己的乐器。一个歌手了解自己歌唱的管道，一个小提琴家、长笛演奏家，或者鼓手通常都很了解自己的乐器，唯独弹钢琴的人在许多时候并不了解自己的乐器。因为对于弹琴来说，琴键就在手底下，只要弹下去就发声了，所以很多人觉得不必再庸人自扰，去更多地了解钢琴的运动机制。为了解决这个问题，我为我的学生们准备了一套模拟钢琴运动机制的模型。学生们可以清晰地看到，如果用不同的方式触键，会产生不同的效果。我觉得所有弹钢琴的人都该看一下乐器的内部，了解它的内部构架，并能够知道按下一个琴键时钢琴内部发生了什么。"

"正如你所说，关于钢琴教学是有许多方法的，但在我看来，许多钢琴老师的教学方法往往耗时耗力，又不涉及真正的精髓，致使学生只有在经过许多年的学习与实践后，才能慢慢地领悟到其中的精髓，因而学生很多时候都是在做无用功。"

"就我自己的情况来说，我当时是在不得已的情况下速成的。很多年前，我本是作为一名小提琴家来到了巴黎，但是当时在这个方向好像没有太多的机会。后来，我遇到一位优秀的小提琴家和一位大提琴家，想要一起合作室内乐。因而我开始努力地练琴，希望能够尽快掌握弹钢琴的技巧。我向很多我认识的钢琴家请教了具体该怎样做。他们告诉我，我必须要先花几个月的时间处理技术，然后才能期待弹得流畅，但我告诉他们我没有那么多的时间了。因而我便开始研究我所需要掌握的音乐效果。我当时觉得，不论我的手型是自然弯曲的，还是扁平的，或是直立的，都不那么重要。我很快便在钢琴上找到了我想要的那些音乐效果，并说服了许多人。当我稍有一些时间后，便开始琢磨手型和手指的问题。但我深信一点，就是许多人在这些外在的养成上花费了太多的时间，反而完全没能触及钢琴弹奏中那些关于音乐的核心问题。"

"比如一些学琴的人会为演奏一条完美的音阶而挣扎许多年。我本人是完全不主张那样的方法的。我不认为音阶就应该是完全均匀的，无论就音色来说还是就节奏来讲。一个初学者未经训练的音阶听上去可能是这样的，"鲍尔先生随即在钢琴上做了一下示范，在这条音

130

阶示范中，一些音是模糊不清又相互碰撞的，然后他继续说道，"经过几年所谓的'正确训练'后的音阶听上去可能是这样的，"鲍尔先生又在钢琴上做了一下示范，这一次他仅用了一根手指弹了一连串的音，每个音都清脆均匀，他随后说道，"在我看来，这种训练方式不仅是错的，而且是不健康的，是的，简直就是毒害性的！"

"您刚所讲的意思是不主张音阶训练吗?"

"哦不，我当然是主张音阶训练的，因为在音阶训练的过程中学生可以掌握很重要的一个技能，那就是大拇指在手指下面的穿越运动。但是，我确实不主张学生去追求均匀、单调的音阶，而是应当去追求富有变化和音乐性的音阶弹奏。"

"说到音乐诠释的问题，我认为好的音乐应该是充满对于音色和节奏的修饰的。简单地说，音乐表达通常可以通过强、弱、快、慢四种方式进行。但是在这种粗略的区分之下，应当存在无限的色彩和层次的处理。在这之后还应该有演奏者个人风格的加入。在音乐诠释中最重要的便是不断地寻求变化和不同，因为只有这样才能够赋予音乐生命力！"

"我下个季度会去美国，然后去澳大利亚，这将使我很久都不能回到巴黎的家。你来拜访我，我该给你一张我的照片留念的。我这里刚好有一张新拍的，就是在这间屋子里照的，我当时坐在这架钢琴前，刚好一缕阳光从左边的窗户照进来，显得屋里格外明亮。"

在随后的交流访谈中，鲍尔先生进一步谈到了他追求艺术过程中的一些不同阶段。

"正如你已经了解到的，我并不主张在日常作品之外苦练手指的那种所谓的'钢琴技巧'。我不主张花大量的时间在这些练习上，因为我感觉那就是在浪费时间，并且没有什么好的效果。再比方说，刚刚讲到有的人苦苦挣扎只为将音阶弹得完美，我也是不主张的。一条音阶本来就不应该是完全均匀的，它需要有音乐变化和生命力。一条完全均匀的音阶是枯燥无味的，没有任何生命力，是机械的。'均匀'对于音阶来说，唯一的意义也许就是在节奏上的实际应用；但即使在这个层面上，一条优美的音阶也应该是有着细微的音乐变化的。无论是从音色还是节奏上来讲，这些音符都不应该是绝对规律的。"

"再就是，我不主张学生在学一个新的作品时先解决手指技术问题。我认为应当首先从音乐的角度入手。

我一开始会尝试去搞清楚音乐背后的意义，音乐试图传达什么思想动机，以及作曲家在创作时脑海里在思考些什么。换言之，我会先对音乐作品的整体有一个大概的了解，然后再从细节入手，一点一点地去攻克这个作品。"

"说到这里，我想起我曾经很喜欢约翰·拉斯金（John Ruskin）在他的《现代画家》（*Modern Painters*）中的一段话。他的这段话好像从未被人质疑过，这段话如下：虽然伟大的意大利画家拉斐尔（Raphael）、科雷吉欧（Coreggio）等人都在油画作品中留下了一些未完成的画作和研究，但它们的素描铅笔底稿却是成熟、完整的，只是上色的部分未能刻画完备，这意味着他们在完成底稿素描之前，就曾对色彩做了许多思考和试验，这说明他们把对艺术的思考放在了技术细节之前。这也是我对待音乐的方式。"

避免旧方法的束缚

"我们的老师、前辈都是从小被那种老式、刻板的方法训练出来的，因而我们中的一些人也是用同样的方法教出来的，但这绝不意味着没有比那种老方法更好、更广泛适用、更少束缚的方法。我们不该限制我们自己以及我们的能力。不可能说：'我现在对这首作品的构思设计已经很满意了，我以后可以都这样弹了。'怎么可能这样想呢？这就好像拿手铐和脚镣把自己拴住了。试想，怎么可能两次将同一首作品弹奏得一模一样呢？今天的我和昨天的我的状态都不一样，而且明天多半也会感觉和今天的状态不一样。每一天都是新世界，都有着新的生命力，更何况是一首作品的两次演奏。怎么可能完全一样呢？只有机器才可能无限制地复制完全相同的作品，但对于有着活跃的思维和情感的人来说，我们有着无限的可能性。"

"还有一个老生常谈的问题，那就是钢琴演奏者是否必须亲身经历过他所诠释的音乐中的每一种情感。不知道你是否记得在《柏拉图对话集》（*Dialogues of Plato*）中记载的，苏格拉底与一位圣人讨论过一个问题：一个演员是否只有真实感受到他所刻画的每一种情感，才能被称为真正的艺术家。双方的讨论都很热烈。苏格拉底的最后一个论点是：如果你认为一个真正的艺术家必须亲身体验过剧本中的经历才能忠实地描绘它，那么，如果他需要去演一个死亡的场景，是否他必须先死才能使表演足够忠实呢!"

关于速度的问题

谈到钢琴弹奏中的速度问题以及人们是如何掌控速度的，鲍尔先生说道：

"我相信掌控速度这个资质是与生俱来的，是一个人大脑控制中必不可少的一部分。即使是孩子，只要他有这种内在的资质，那么他就能将一串简单的音符弹得尽可能快。往南看一下，不是海岸的这半边，而是西班牙和意大利这样的地方，那里的人民习惯于快速行走，喜欢做很多手势，总是充满了生命力和能量，快速的思考对他们来说没有困难。如果让两个人同时步行到某一指定地点，根据他们对于速度的习惯，可能会同时走得比较快，但很有可能一个人会比另一个走得更快。我认为有时人们对于速度的想法也容易变成限制性的想法。作品的速度不能变成固定和硬性的规则；不能受这些所谓的规则的约束。最主要的是：我理解作品的意义和精神吗？我可以将其清楚地传达给听众吗？我可以让作品表现出生动的画面吗？如果是这样，那么曲目演绎中偶尔速度不符合所谓的标准根本就不是什么问题。"

获得力量

"许多演奏者完全弄错了力量来源。他们认为必须发挥很大的力气以获得足够的力量。许多女性学生都有这个想法，她们没有意识到力量其实来自对比。这就是钢琴弹奏中力量的秘密。我并不是说在某些情况下不能用所有的力气去弹奏；我们甚至不得不偶尔用重击或者砸琴的方式获取所需的弹奏效果。这只能再次证明，即便某个音色单独挑出来是刺耳的，但只要这种刺耳出现在正确的时间和地点，那么音乐效果也可能是美妙的。"

"在速度和力量方面没有固定和绝对可靠的规则，因为那只是对演奏者的感受、诗意和情感表达的另一种限制。力度的质量和程度都取决于对比，而程度的选择取决于演奏者对作品内容的理解，以及他在听众面前表现作品并使其尽善尽美的能力。这要看演奏者是否能够使作品表现出更高的精神意义。"

14. 拉乌尔·普格诺：

训练孩童

Raoul Pugno

"已经安排好让您今天同拉乌尔·普格诺见面，他会在自己在巴黎的工作室等您，下午4点。"一位美国音乐协会驻巴黎的代表礼貌地写道。

和任何一位知名的法国音乐家预约会面都是特别困难的，因为他们不是有约了，就是出城了。因此，我特别珍惜这次机会，因为能见到这位被认为是法国最伟大的钢琴家之一的名家。

在那天下午约定的时间，我们开车穿过车水马龙的克里希路（Clicy），在预先知晓的门牌号前停下车。那是一幢不怎么显眼的法式公寓，在往来的过路人眼里，这幢楼外观冷峻刻板，只是几行百叶窗略为显眼，但也丝毫看不出那窗户后面可能隐藏着什么。我们没能在这座建筑的前庭找到要拜访的人，但是有人过来引导我们穿过了一个大大的方形庭院。原来这房子是围绕庭院而建的，有着古早时期的建筑风格。

最终，我们找到了正确的大门，一位干练的女管家打开了门。

"普格诺先生不在这里，他住在乡下。"她回应了我们的询问。（这些法国音乐家实在是太难找到了，他们所有人似乎都在"乡下"！）

"但是，夫人，我们和普格诺先生有约。能麻烦您再帮我们确认一下他确实是不在吗？"

她留我们站在原地，转身离开了，但很快就回来了，告诉我们普格诺先生刚刚才踏进了他的工作室，她会给我们带路。

很快，我们穿过了一间小型的门厅，来到了这位艺术家的"圣殿"里。第一眼看到这个房间，感觉像是置身于某位东方帝王的宫殿。厚重的金色和银色的土耳其绣品悬挂在门上和窗户上。墙壁上挂满了稀罕的绘画作品。琳琅满目的艺术品充盈在房间的每个角落。一扇开着的门直通一座漂亮的花园，那里繁花盛开，一座喷泉注入大理石水池。房间的另一端是一块垫高的台面，上面摆放着沙发，沙发上铺着来自东方的纺织品，我们来拜访的那位卓越的钢琴家坐在上面，像坐在王座上一样。他坐在那里，散发着庄重高贵的气质，他蓄着长长的银白色胡子，举止威严。他旁边还坐着一位年轻美丽的女人，我们很快便知道了她就是娜迪亚·布朗热（Nadia Boulanger）小姐，是一位具有非凡才华的作曲家和音乐家。

"我很遗憾没法和你们用英语交流，因为我只讲自己的语言。"普格诺先生开口说道，同时他礼貌地挥挥手招呼我们坐下。

"你们希望了解我在钢琴演奏上的一些想法，或者说是关于钢琴教学的想法。我深信如果一个孩子在音乐上展现出了一点点天赋，那便可以在很小的时候就开始学习弹琴；事实上，他越早开始学习越好，这样，等到他大一些，可以理解音乐的时候，他早已做过了打基础这个苦差事。"

训练孩童

"对于在音乐上有些天赋的孩子，必须极其重视他们的身体健康，让他们不要在钢琴学习中用力过猛。毕竟，强健的体魄是首要的，没有身体，一个人能做的事便很少。"

"一个健康的孩子最早能从五六岁时就开始学琴。从一开始，他必须受到最为审慎的系统训练。因为耳朵在音乐中是至关重要的，所以应该在音色训练上投入极大精力——要学会聆听和辨别各种不同的声音的音色，要能唱出来，如果有条件，要进行视唱练耳训练。"

"开始时，必须要保证孩子有良好的手型，手指动作也要正确。在孩子练习任何完整的乐曲之前，一定要先进行扎实的技术训练，包括音阶、琶音、和弦及各种手指练习。低龄的孩子在学琴早期，应该要弹奏各式各样的练习曲，还要学习我曾提到的技术练习——车尔尼、克拉默、克列门蒂，以及老生常谈的巴赫。在我这个位置上，作为专业音乐学院的教授，我有过很多学生。如果是我录取的学生，必须得是天赋较好且程度较深的，我可没时间去教小孩子。当然了，见证一个孩子的思想逐步成熟的过程也是充满乐趣的。"

话题接着转到了这间带有可爱花园的迷人的工作室上——在巴黎最繁华的街区保证了钢琴家拥有一方净土，远离喧嚣。普格诺先生告诉我们，这间工作室原本属于画家亚历山大-加布里埃尔·德坎普斯（Alexander - Gabriel Decamps），室内的一些画作和家具也曾是画家的收藏。一幅精美绝伦的普格诺先生的肖像引起了我们的注意，它占满了钢琴上方的整个墙面，画像和真人一般大小，栩栩如生。看到我们对画像钦慕有加，普格诺先生善解人意地起身去找照片副本。找到后，发现那是他保留的最后一张了，他客气地把照片递给了我们。

我们又聊到布朗热小姐的作曲工作，普格诺先生似乎对此也甚为感兴趣。

"是的，她在写一部歌剧，实际上我们在合作创作，台词来源于加布里埃尔·邓南遮（Gabriele d'Annunzio）写的一个故事。我来把标题写给你们看。"

他从我手里拿过一张纸，写道：

"《死城》（*La Ville Morte*），邓南遮四幕剧；娜迪亚·布朗热和拉乌尔·普格诺作曲。"

我说："等创作完成后，您肯定能在美国演出；我会告诉他们这件事的。"

这位卓越的钢琴家温和地笑了，对这个建议感到欣慰。

"是的，等写完这部作品，我们会去美国的，看它被演出。"他说。

在表达了无尽的感谢后，我们离开了这间充满东方韵味的工作室以及它杰出的主人，又回到了繁忙的克里希路上。我们感到自己刚才拥有了在巴黎期间最独一无二的一段经历。

以上是对这位伟大的法国音乐家的最后一次采访，他在几个月后就逝世了。

　　下面讲述的有关普格诺先生的教学和个人情况的内容是热尔梅娜·施尼策尔（Germaine Schnitzer）告诉我的，她是一位成就非凡的法国钢琴家，也是大师最具天资的学生。

　　"普格诺先生几乎从幼童时就开始弹钢琴了，他年纪很小的时候就获得了一些钢琴奖项。然而，不久后他却花了大量时间在管风琴上，这是一件在当时似乎不太被人们关注的古老乐器。他又重新将注意力转回到钢琴上是因为这么一件事。有消息说著名挪威音乐家爱德华·格里格要来巴黎了，有一天普格诺正好在阅读格里格刚写出的一首钢琴协奏曲，一个朋友问他：'你为什么不能在那位作曲家来的时候弹给他听呢？''我不是钢琴家呀。'普格诺反驳。'为什么不是，'朋友说道，'你对钢琴了解得已经足够深了，而且你还有 4 周时间学习这首协奏曲。'普格诺接纳了建议，加紧练习，在为格里格组织的那场音乐会上演奏了这首作品，并获得了极大成功。那时，他已经 39 岁了。这次演出是个开端，接下来的各种邀约和成功接踵而至，而后他逐渐成为法国最为卓越的钢琴家之一。"

诺是天生的钢琴家。他在技术上也很有天赋，……未在教授技术或是自己练习时遇到任何麻烦。如……一个学生弹奏时有技术错误，他不会多说什么，也不……解释，只是合上乐谱，拒绝再听下去。那个学生，当然，便会羞赧地停下。他上课时很喜欢给学生弹协奏（通常是用左手），或唱出旋律和主题，以此来示意学生他的想法和他对音乐的理解。这训练了学生们在领悟音乐方面的独立性，也提供给他们不少乐子。"

"对于程度较深的学生，普格诺会针对作品讲解许多有关音乐的内容，以及音乐处理的办法。他为学生翻译音乐主题和乐段中的情感及感受，这些也恰恰是作品创作的初衷。他会向学生演示各种不同的情感是如何对应不同的音色的。'总之，要让善良和美德指引着你，'他曾写道，'如果你内心充盈着各种美好，你弹出的曲调也将是优美的。'"

"普格诺的教学方法是去追寻对曲子内涵的理解，去诠释音乐本身，而非进行任何技术性的教导。对于技巧，他本人看得很轻。毫无疑问，只有音乐天赋较好的学生才能在这样一位大师的指导下有所进益；的确，他通常也不会收那些天资一般的学生。对于那种能对乐谱

"普格诺是天生的钢琴家。他在技术上也很有天赋，因此从未在教授技术或是自己练习时遇到任何麻烦。如果一个学生弹奏时有技术错误，他不会多说什么，也不解释，只是合上乐谱，拒绝再听下去。那个学生，当然，便会羞赧地停下。他上课时很喜欢给学生弹协奏（通常是用左手），或唱出旋律和主题，以此来示意学生他的想法和他对音乐的理解。这训练了学生们在领悟音乐方面的独立性，也提供给他们不少乐子。"

"对于程度较深的学生，普格诺会针对作品讲解许多有关音乐的内容，以及音乐处理的办法。他为学生翻译音乐主题和乐段中的情感及感受，这些也恰恰是作品创作的初衷。他会向学生演示各种不同的情感是如何对应不同的音色的。'总之，要让善良和美德指引着你，'他曾写道，'如果你内心充盈着各种美好，你弹出的曲调也将是优美的。'"

"普格诺的教学方法是去追寻对曲子内涵的理解，去诠释音乐本身，而非进行任何技术性的教导。对于技巧，他本人看得很轻。毫无疑问，只有音乐天赋较好的学生才能在这样一位大师的指导下有所进益；的确，他通常也不会收那些天资一般的学生。对于那种能对乐谱

"普格诺希望 32 分音符和 64 分音符要以尽可能快的速度弹奏。这不仅适用于弹奏所有音阶，在应对一首曲子中任何高难度的段落时也适用。"

"普格诺对于我的学习、发展和职业生涯投注了很大的心血。他给我写过许多信，我都保存了下来。我从这些信里摘出的许多话语，可能会让大家对普格诺先生的内在本质有更深刻的认识。"（以下摘自普格诺先生的信件）

"我竭力想要向你们年轻人阐释清楚音乐作品所表达的是什么，这样你的理解能力和情感表达能力可能也会随之成长；所有这些会在你的感激和我的内在情感间创造一种连接。我为你打开了窗，让亮光投向你，而我则从自己播下的种子里收获了满心欢喜。"

"去聆听所有你能触及的演奏——别错过任何钢琴家，无论优劣。总会有一些你能学习的东西，即使是从水平不那么好的演奏者那里——因为那就是你需要避免的！多学习那些伟大的作品，但是即便在那些伟大的作品里也会有许多音型和乐句是没必要被强调突出的，以免过犹不及。"

〔在与汉斯·里希特（Hans Richter）指挥的管弦乐

队合作过后]："这是多么令人陶醉的音乐——音乐中的激昂情绪和完美的协作都太棒了！我们的胸中涌动着一股力量，它支配着我们，震动着我们的整个身体，使我们不断散发和表现着每一种情感和天性！没有什么艺术形式能媲美音乐，它找到了管弦乐团这种情感表达通道。我感到自己被乐团环绕了起来，像是在和一个巨人对话。我们步调一致，我将他引领到我想去的地方——我安抚他，也拥抱他。我们支持着彼此，在某个至高时刻，我成为他的主人，使他向我臣服。这甚至让我觉得钢琴对我而言太弱小了，除非有大型的管弦乐团的合作，否则我将没有兴趣去演奏协奏曲。"

15. 涂尔·伯纳姆：
"旋律之手"与"华彩之手"

Thuel Burnham

巴黎的音乐圈中有位知名人物，那就是钢琴演奏家和钢琴教师涂尔·伯纳姆。

　　伯纳姆先生是美国人，但长期生活在巴黎。他曾在大洋两岸跟从许多伟大的艺术家学习钢琴。不仅如此，他也是一位音乐的思想者，探索出不少独特的见解，依托自己丰富的经历，将他在许多不同大师的教学方法中发现的精华进行了融合。他能够从大量复杂繁琐的技术练习中提炼出重点，因此他的学生在技术训练中不会浪费时间做无用功。

　　作为一名钢琴演奏家，伯纳姆先生的造诣很高。在他那里从来不存在技术上的难点。他已然走到了这条路的尽头，在他面前耸立着音乐的至高峰。他的每一次触键都是清澈明亮而富有层次变化的；弹强音时又有着出色的力量；精致的音乐诠释、流畅的速度和丰富多元的音乐变化都在他的身上展现；与此同时，他对于作曲家的情绪和深意有着敏锐的领悟。最近，他刚刚开了几次半私密性质的独奏音乐会，演奏了几部他的曲库中的大型作品。音乐会就在他那充满魅力的工作室举办，我有幸在现场，听他演奏了两首协奏曲，即麦克道威尔 D 小调钢琴协奏曲和格里格 A 小调钢琴协奏曲。伯纳姆先生热烈地追捧美国优秀作曲家的作品，已经准备了一整套麦克道威尔专场的曲目，包括"悲剧"奏鸣曲、波洛乃兹和许多稍微短小的作品。

在和伯纳姆先生关于钢琴教学法的对话中，他提出了不少很有帮助的观点，也分享了他是如何通过一些简单的小练习将一些弹奏技术的难度降到最低的。

触键原理

"根据音乐风格特点以及你想要的音色效果，手型和手指状态都要有相应的调整。如果在弹一句旋律时，你希望能有饱满浑厚的音色，就要将整个手臂的重量落在琴键上，身体放松，使用抚摸般的尽可能贴键的触键方法。让手指伸展，手型相对扁平，你因此拥有了'旋律之手'。相反，当你弹奏快速跑动的段落时，就需要明亮、清晰、伶俐的触键，手型必须保持常规姿势——完美的拱形，让手指保持充分的弧形，做清晰干净的抬指动作。这样你便拥有了'技术之手'或'华彩之手'。"

旋律之手

"可以说'旋律之手'是有力量感的，是'沉下去的'。手指按下琴键，手指肚的部分与琴键充分接触，而整条胳膊、双手和手指都是放松的——尽可能地松弛。你抚摸琴键就像你爱它们一样，就好像它们是你身体的一部分，你贴近它们，像是去触碰某种柔软的、丝滑的或是毛茸茸的东西，这期间要一直带着来自身体的自然压力去触键。"

这样的阐述会让听到的人回忆起凯蒂·奇塔姆（Kitty Cheatham）的一个故事，即一个小女孩抚摸她的宠物小猫的故事。有人问她，你的最爱是什么——妈妈还是小猫？"当然，我最爱妈妈了，"不过这个回答略显犹豫，"但我也爱小猫——它有绒毛！"

"为了帮助学生找到弹奏旋律的触键方式，我采用最简单的练习，有时甚至让他们只用单音来练习。当学生们理解了其中的诀窍，会再弹一些抒情的曲子，像是门德尔松的《无词歌》。"

"在弹奏旋律时的触键具体有三种类型：一是自然下落的触键，借由下落的手臂和双手实现；二是向上的触键，通过抬高手腕实现微微抬指的触键；三是擦拭般的触键，利用手臂和双手的动作，使手指在琴键上擦拭、划走。"

技术之手

"要利用抬指运动和指尖触键；双手稳定，保持着军事化的标准手型；抬指动作要迅速、机警和准确；双手是活跃的，而非沉闷的、沉重的，不同于旋律之手。这两种演奏方式从根本要领上来讲是完全相反的，不过它们却能以无穷多的方式融合与协作。"

"对于技术性触键或华彩触键，手型是拱起来的，五根手指都充分弯曲成圆弧形，而指尖落在琴键上，一切都是圆圆的。当一根手指抬起时，它会自然地摆出更像圆弧的样子直到它再次落回到刚才抬起的位置，像是琴键上有5个虚拟的小黑点一样，标识着指尖应该放置的准确位置。手指干净利落地抬起，再落回去——不冲击，不突兀。我对技术触键和旋律触键做出了明显的区分。前者是针对快速、华丽的跑动段落，你想要的是火花四溅、光彩夺目，但同时又是冷酷直接的。如我所言，它是通过拱形手型和抬指的动作完成的。后者则表达热情和情感，是发自内心的。通过手臂抬起、落下而运动的和弦，还有音阶和琶音，这些运用的都是技术触键的办法。我总是希望来到我这儿学琴的学生能先跟着我的助理玛德琳·普罗瑟（Madeleine Prosser）小姐上一些预备课程，普罗瑟小姐跟我工作了多年，在这一方向上承担了最为细致完善的工作。"

吸收消化一些技术原理

"许多到我这儿求学的学生对于触键并没有清晰的概念，也不知道他们能借不同的触键方法表达些什么。他们觉得只要能充分理解这段音乐，就能够顺其自然找到适合的触键方式。有时候，他们可能可以找到自己想要的音乐效果，但是，却并不真正明白自己是如何做到的，或者不能随意地再次弹出同样的效果。我的主张是应该完善地吸收和消化技术原理中的一些触键方法。在演奏者看到一个具体的段落时，他应该能立刻知道要通过怎样的触键方式去表达它。一位伟大的演员阐明了我想表达的——他清楚如何通过自己的表情和身体去表达台词里的深意。当你去巴黎的法国剧院时，你会发现台上所有的演职人员在其表演中说的每一句话都充分地训练过。你会意识到，每位演员都在艺术表达这一点上达到了极高的程度，以致在任何时候需要表达一种特定情绪时，他们都能让表情和状态自然地流露到每一句台词中。钢琴家也是如此——他应该掌握各种不同的触键方式。当他有所准备的时候，即我先前提到的，那么他便可以自然从容地表达，最终便是抒发自己内心的情感。"

背谱

"我时常被问到有关背谱的问题。有些学生认为，如果演奏一首曲子的次数足够多，那他们就能背下这首曲子了；然而却遇到了麻烦，因为他们无法随时准确回忆起所有的音符。演奏者必须确保自己在远离钢琴时还能背下乐曲中的每个音符，并且能够在头脑中背下整首曲子。我有一些学生甚至可以不在钢琴前就学会一些作品，并且不用在钢琴上试一下就能在我面前直接演奏出来。我之所以要求上课前熟练背谱，是因为，如果我更正了哪个小节或乐句，学生就能从那个地方接着往下弹，而不是非要从前面一点的部分开始，或是从头再来。不过，在有些情况下，如果学生有自己的背谱方式，并且也很有效的话，我并不想要求他们改变。"

八度练习

"在练习八度时，需要将手保持'八度的拉伸状'——手掌还是保持拱形，不用的手指则保持自然弯曲。用断奏方式练习时，手腕应保持自然放松的状态。开始时以 16 分音符的形式练习，然后逐渐以擦拭触键的方式结束练习。以此为基础，练习在相同时值内弹奏越来越多的八度音程，最后也总是以同样的擦拭触键的方式结束。这个练习可以应用在钢琴的全部音域上，并练习所有不同调式，半音阶也可以。当能够一次性持续20 分钟做这样的练习时，八度片断的弹奏对弹琴者而言

就没什么可怕的了。如果是要练习肖邦的第53号波兰
舞曲中的八度片段，弹奏者首先需要知道这些音具体是
什么，那完全可以不借助钢琴就完成识谱；因此真的没
有必要一直坐在钢琴前精疲力竭地去弹这些八度。"

保持曲目量

"为了能将更多的曲目随时掌握在手，你应当做适当
的练习计划，让那些老的曲目每周都能得到一定的复习。
可以将你的曲目库分成不同的组别和曲目单。最好是在一
周的开始时练习肖邦，将所有的肖邦曲目逐一复习；之
后，挑出演奏得不太好的曲子着重练习。周二，练习舒
曼，并采取和周一同样的方式。接下来是李斯特，俄国音
乐，现代作曲家的作品，协奏曲，室内乐，等等。这种系
统的练习，可以帮助你保持充分的曲目量。"

练习的细节

"我会在早晨练习，下午教学。我在练习中会花至

少一个小时做一些技术练习，如音阶、琶音、八度、和弦，以及巴赫！我深信练琴过程中选一首巴赫的曲子十分重要，比如练一首巴赫二部创意曲，直到能够将它弹得完美，还可以用不同方式弹奏——可以做所有的转调练习，将它打磨到能达到的最高水准。降 B 大调创意曲就很适合此类练习。还有练习曲，与其找一堆去练，不如就找几首，并将它们打磨到能最完美呈现的程度，这样不是更好吗？"

"我是个对色彩极其敏感的人，无论在哪里，在任何事情上——尤其是对于画作。音乐也应该展现出各种各样的色彩。不同的曲目似乎都能被赋予具体的色彩。如你所想，红色就应该是肖邦那部伟大的第 53 号波兰舞曲的音乐动机。"

伯纳姆先生一定期待着他回到故乡的旅程一切顺利。他精湛的技术和音色，真挚动人的音乐风格，以及亲切和善的个性，让他无论走到哪里都会因音乐和他本人的美好而交到许多挚友。

16. 埃德温·休斯：
钢琴演奏的一些要点

Edwin Hughes

当你兴致勃勃地读过一位音乐家、思想家的见解，并从中受益，那么能够面对面地和他沟通就会是一段非常有趣的经历。若你有机会和他探讨一些特别的观点，尤其是当你们会面的地方是那种你梦寐以求的带有历史感的地点，那便更有意味了。我拜见埃德温·休斯先生时就生发出这样的感受。休斯先生是美国人，但是他在欧洲扬名，在钢琴艺术和教育领域都谋得了一席之地。他曾在维也纳跟随莱谢蒂茨基学习了多年，而那时他还在等待演出的契机，后来他在慕尼黑成就了自己，在那里，他感到自己寻得了真正的音乐与艺术家园。他就是在这样美好和充满艺术氛围的城市中生活、工作，他把所有的时间花在教学和举办音乐会上。作为钢琴家，休斯先生在德国最重要的一些城市里都获得了可喜的成功，而他在钢琴教育方面同样取得了不俗的成就，来自美国各地的学生追随他学琴，从缅因州到得克萨斯州都有，甚至还有来自加拿大的学生。让他特别满足的一大乐事是，去年有许多学生从慕尼黑的音乐学院慕名而来。他们对自己取得的进步惊喜有加，直言后悔没有早一点拜在休斯先生门下。

至于休斯先生是否全部采用了莱谢蒂茨基的方法，

他断言道：

　　"如果你去问莱谢蒂茨基什么是'莱谢蒂茨基方法'，他很有可能会笑着告诉你，他没有所谓的方法，或是他会说自己的'方法'无非两点——坚挺的手指和放松的手腕。"

　　"我在教授学生弹奏技巧时会遵循一些原则。我会首先要求他们掌握漂亮的圆弧形手型，然后会用敲打他们手指关节的办法检查其手指坚挺程度。学琴伊始，指关节，尤其是第一指节，当我用铅笔敲它们的时候，很容易就塌进去了；不过，学生们在家时常常在练习中自我检查，他们很快就能意识到手指开始逐渐变得坚挺。"

　　"与此同时，最重要的一点是要立刻开始手腕训练，否则，花费很大功夫习得了坚挺的手指，手腕却可能变得僵硬和笨拙。手腕训练主要是训练腕关节的抬起和下落，与此同时，让手和手臂的力量均匀地支撑在每一根独立的手指上，接着是两根手指同时下键，然后三根、四根、五根手指同时触键。在这个过程中，手腕不能过于松软无力，以致无法提供支撑；相反，它应当像一根弹簧——一个'弹性手腕'，我这么叫它——能够根据不同音色的需求，来提供相对应的支撑力或是阻力。"

"相信大部分钢琴教师会认同高抬指对于初学者而言并非必要。其实，教学生高抬指会比让他们掌握贴键连奏容易得多，贴键连奏的触键方式要求学生必须贴键，不做抬指动作。但是，让一个受过多年高抬指训练的学生弹出完美的连奏是极其困难的，因此这些学生后续还是要花很多精力去学习连奏触键的方法，除此之外，他们还需要清楚地掌握断奏和跳音两种不同的触键方法。"

音色控制

"音色控制这个问题常常被一些钢琴老师忽视。从这个角度来说，钢琴除了和管风琴有些类似以外，的确不同于其他任何一种乐器。一个年轻的小提琴手、大提琴手或是长笛手都必须花很长一段时间学习，才能够在自己的乐器上奏出质量较高的声音。想想吧，一个小提琴初学者需要经历多少辛苦才能拉出一个合格的中央 C；而任何人，哪怕是乐盲，都能毫不费力地在钢琴上弹出中央 C。在钢琴上如此容易就能弹出声音，导致人们常常忽视了控制音色的重要性。因此，钢琴老师，在所有的器乐专业教师中，尤其容易抱怨自己的学生不懂得聆听。学生应当养成聆听的习惯，这是进行音色控制的必修课，这需要老师在学生学琴伊始就手把手地从日常技术练习中训练这一点。否则，他们会认为只要自己把乐谱摆在架子上，手指弹在正确的琴键上，就是在弹奏音乐了。"

"没有任何一种乐器像钢琴一样这么容易就能'唬住'一大部分观众，因为它的特点决定了普通听众只要听到演奏者弹出了响亮的声音就以为奏出了美妙的音乐。一些小有名气的钢琴家也时常会利用一部分普通听众缺乏判断力这一点来混淆视听，尤其是那些还没有能力去判断一场表演的音乐价值的听众。"

"每年，在世界音乐中心的欧洲都会举办成百上千场钢琴独奏音乐会，而其中只有很小一部分音乐会具有真正的音乐价值。在许多情况下，那些演奏者似乎仅仅是在重复着他们生搬硬套学来的内容，就好像在讲外语，如同我用意大利语反复朗诵一首诗歌。也许我能找到近乎标准的语调，却对大多数句子背后的意思茫然不知——如此这般，我又怎么让别人去理解这些话语呢？"

钢琴弹奏中的节奏

"节奏是一个重要的主题，需要付诸更多的关注。莱谢蒂茨基曾言，音色和节奏是唯二可以让钢琴作为一件独奏乐器鲜活起来的东西。我发现我的学生在这两件事上都做得很不到位，于是便专门设置了练耳课程和节奏课程。"

"如果学生先天的节奏感比较差，那么节拍器是最好的练习帮手，要坚持每日使用这个工具进行练习，直到产生明显的效果，当然了，如果要停用也必须得是循序渐进的。那种机械的节奏感，每小节标准地打三下或者四下，能帮助学生对音符进行正确的分组，只要学生足够有耐心，就可以使用这个办法练习。但是，对于肖邦的玛祖卡或维也纳华尔兹这类曲目，需要把握更精细的节奏，因此学习者必须有很强的节奏感才行。"

"莱谢蒂茨基很少对学生讲有关技术的问题，我自认识他以来，从未听他对我讲过任何有关技术的话。他的所有兴趣，显然，都在对音乐的理解上，技术从来都只是手段途径，而非学习作品的最终目的。"

"莱谢蒂茨基上课时喜欢学生和他对话、问问题，他不喜欢学生干坐在那里一言不发。他会问：'我怎么知道你理解了我的意思，如果你什么都不说，你怎么敢说你弄懂了我在说什么？'开始，有的学生可能会因为紧张而沉默，不过，如果他聪明的话，会很快'跟上思路'，领悟到老师的教学方法。"

"莱谢蒂茨基有时会说：'当上帝制定了十诫时，他忘记了第十一条——你不应该愚蠢。'如果一个人反应不够快，那么他跟随大师学习可能会很痛苦。"

"进入高阶程度后，我会让学生使用拉斐尔·约瑟菲（Rafael Joseffy）编写的《高阶钢琴训练教程》（*School of Advanced Piano Playing*）作为技术练习。这本书能帮助学生练就钢琴弹奏的最高技术水平，我将它当作钢琴技术训练的最终宝典。书里有精心编排的最具独创性的成百首练习曲，作者的音乐造诣在这本书中显露无疑。这本书包含的并非一些干巴巴的技术练习，而是能够帮助学生与钢琴作品中的重点、难点技术问题建立最直接的联系的一些技术训练。"

"在教学时，我认为第二台钢琴是绝对不可或缺的。

钢琴演奏中的许多东西是无法言说清楚的，而教师必须不断给学生做示范。譬如，仅仅通过讲述，你要如何教学生去理解肖邦的夜曲呢？我若说'在这里弹得大声——那里轻柔一点'，只是简单的话语上的引导，学生什么时候才能真的领悟到作品的艺术精神？一个人是没法用言语表达旋律的波动起伏，或者颤音中的音色和节奏的细微差别的——上千种其他方法也不如一次生动的示范更清楚。通过模仿，一个人能快速而明确地学习，他的学习达到一定程度后，个人理解和风格才开始逐渐生根发芽。"

关于背谱

"谈到背谱，谁能为这个无法言喻的思维过程制定出普遍规则，让它对所有人都适用呢？就我自己而言，我就是用大脑聆听这些音符，并记住它们在琴键上的对应位置的。在实际演奏中，演奏者主要依靠肌肉记忆，但是，除了肌肉记忆以外，头脑也是有记忆的。在一场音乐会开始前，我会在脑海中整个过一遍所有曲目，我发现当我不断从一个城市辗转到另一个城市演出时，这个练习方法切实可行。我常对那些跟随我学习的人讲，你必须尝试多样的记忆方法；并不存在某种通用的方法；每个人都必须通过自己的试验找到最适合自身特质的方法。"

"对一些钢琴家而言，看着谱子背谱这种视觉记忆的方法是最有效的；而另一些人则更习惯于去记音符在琴键上的位置；还有的人靠耳朵的听觉记忆去背谱，或是借助对和声进程的记忆来背谱。我认为要让学生认识各种不同的背谱方法，他才有可能找到对自己最有助益之法。"

"对于双手和手臂力量较弱的学生，我建议他们早晨和晚上做适当的练习操。想练就娴熟的技术，力量是不可或缺的一环。一个能在钢琴演奏上有所建树的学生必须要拥有力量，这是成功之路的基石。"

保持技术水平

"一个人要想始终保持好的技术水平，唯一的途径就是不间断地练习。技术是音乐产生过程中机械性的部分。想要保持良好的演奏状态就必须持续地提升改进，正如火车司机会检修他的火车，或是汽车司机会检修他的汽车。在技术训练的过程中，每个聪明的学生都会发现一些对于帮助自己保持良好演奏水平尤为重要的练习，他们应将这些练习放在每日的技巧训练中。"

"为了保证有一个大曲库，演奏者必须设定一个'周练习计划'，确保更频繁地重复练习所有的曲目。对那些新学的作品来说，它们需要更高频率的重复，而已经演奏了较长时间的曲子则可以稍微放一放或者偶尔温习。想成为钢琴家，要经常性地弹给别人听，无论是公开场合还是私下里，这比其他任何方式都重要，因为这是最有效的刺激，让钢琴家能够保持曲目量，并且在艺术的成长道路上日臻完美。"

美国与欧洲环境的差异

"在美国，许多没有太多音乐天赋的人也会去学习音乐，努力以音乐为志业。相较之下，在欧洲只有那些拥有一定天赋的人才会将音乐作为毕生追求，因为相对来讲，现今欧洲的古典乐资源还是更充沛，专业化程度更高，美国的古典乐仍然'在发展的路上'，虽然已经达到了较高的水平，但还是有很多进步的空间。正是美国钢琴教师的尽职尽责让那些资质平凡的学生也很容易体验到音乐学习的乐趣。这样的氛围使得一些优秀的教学方法在美国的钢琴教育和音乐教育领域不断涌现，欧洲在这方面的确无法与之相比。"

17. 费卢西奥·布索尼：

造访一位艺术家

Ferruccio Busoni

一个人所处的环境和周遭的境遇往往会反映在其性格特质上，而切实接触那些创造力惊人或经常登台的音乐家身处的环境总是让人兴致盎然。与艺术家在舞台的聚光灯之外邂逅，在家庭这种私密幽静的空间相遇，会让一个人对艺术家的真实生活有更密切的了解。要知道这样的机会对常人而言实属珍贵，我真的很感谢自己曾有许多次这种私人访谈的机会，可以时常接触到知名艺术家，甚至一些几乎是离群索居的艺术家。曾有人和我讲过布索尼尤其难以接近，我能见到他的唯一方式是不打招呼便突然造访他的家。我可能足够幸运，恰巧碰到他在家，并且又刚好愿意接待我。我知道我不能完全指望这种方式，还是一直默默地等待，直到收到了他的答复："虽然我不是很喜欢访谈，不过，如果你愿意的话，我很欢迎你在星期四下午过来喝茶。"

布索尼住在柏林新西区的一幢气派的公寓里，从那里可以俯瞰壮美的维多利亚·路易斯广场（Victoria Luise Platz）。布索尼夫人接待了我们，引导我们来到了大师座前，布索尼从他书房的一个舒服的角落里起身向我们问好。不久，煮好的茶端上了桌，还有几位其他贵客加入了这个小型沙龙，很快就洋溢出法语、德语和英

177

语交织在一起的欢声笑语。

当大家愉快地交谈时，我忍不住不时地去打量这个气派的书房，这里陈列着充满艺术气息的家居用品，布索尼夫妇收藏的珍贵书籍一行行摆满了书架，占据了整面墙。我们还得感谢约翰逊博士（Dr. Johnson）提到了一个很有意思的观点，他说无论何时，当他看到书架上堆满了书时，总是想靠近书架去读那些书名，因为主人选择的书籍中隐藏着他的个性。

费卢西奥·布索尼

这时，布索尼对我说道："我在创作一首美国印第安人主题的狂想曲。"我问他："您是从哪里捕捉到关于这个主题的灵感的呢？"

布索尼答道："我从一位魅力十足的女士那里找到了灵感，是娜塔莉·柯蒂斯·伯林（Natalie Curtis Burlin）小姐，她生活在美国的乡村地区。她对印第安艺术有浓烈的兴趣，给了我良多启发。"

"有一份德语音乐报纸上刊发了消息，说您计划离开柏林，已经有了其他地方的工作邀约——请问是在西班牙吗？"

"我打算离开柏林一段时间，"布索尼承认，"会去博洛尼亚——或许你以为它是在西班牙。"他的眼神中闪过一丝狡黠，还幽默地冲我眨了眨眼。"说是去博洛尼亚工作倒真是夸张了。我被任命为一所知名音乐学院的院长，不过我不会被要求定居在那个城市，也没有授课要求。但我还是会过去住一段时间，也兴许会教一教学生。我主要是去那边开六场大型管弦乐音乐会，除此之外我的时间都非常自由。我们可能会把这儿的房子暂时封闭，秋天就去意大利。在博洛尼亚居住十分便宜；花上大概 250 美金就能在宫殿一样的房子里租住一年了。"

布索尼夫人邀请我们参观了他们家里的其他房间。我们转到了毗邻书房的房间，里面摆放了许多稀罕的古老印刷品和画作，以及一些古色古香的中古家具。布索尼夫人幽幽地微笑着："一切的一切，都是古老的。"房间里还摆放着一台羽管键琴，它有着双键盘和绝美的红色外壳。虽非古董琴，但亦是奇克林公司（Chickering & Sons）打造的一件精妙绝伦的仿品。

费卢西奥·布索尼

移步往前就到了这位音乐家常用的休息室，里面有台立式钢琴，旁边的大桌子上堆满了绘画作品和纪念品。墙上悬挂着几幅罕见的音乐家肖像，主要是肖邦和李斯特。再往里走，就来到了客厅，有两架三角钢琴并排摆放着。这是大师教学和办小型音乐会的房间，钢琴周围摆放着一些精致的雕花家具。布索尼夫人特地向我们展示了一盏精致而古老的纯银质吊灯，做工极其精良，她说自己花费了很长时间才寻到这样一盏吊灯。另外，还有几幅这位作曲家、钢琴家青年时代的肖像——其中有一张画上是 12 岁的布索尼，他那大大的白色衣领搭在肩上，那时的他真是个英俊的小伙儿，生得很标致，一头卷发，眼睛深邃有神。

布索尼很快也加入了我们的交谈，大家便开始谈论他将在新领域开展的音乐活动。

在座的客人都鼓动布索尼："等您完成了这部新的狂想曲，一定要到美国还有英国伦敦为我们演奏啊。"

"啊，伦敦！我真是太想念那儿了，简直犯了思乡病；伦敦真的是个美丽的地方。我也很喜欢美国，在那边住了几年，我的儿子就是在美国出生的，他已然是美国公民了。是的，我会回去看看，虽然现在还不知道何时回去，届时我一定会演奏那部狂想曲。"

18. 阿黛尔·奥斯·德·奥赫：
造访另一位艺术家

Adele aus der Ohe

我获得的另一个去艺术家家中拜访的机会是访问阿黛尔·奥斯·德·奥赫女士，她邀请我到她柏林的家中小坐。她同样住在柏林的新西区，这里也是很多其他艺术家的落脚之地。当你跨进奥赫女士宽敞的房间时，能很明显地感受到那种纯正的德国人家居的格调。阿黛尔·奥斯·德·奥赫是为美国听众所熟知的音乐家，因为她常常去美国各地举办巡回钢琴演奏会。眼前的她，棕色的头发轻柔地垂下来，遮过了耳畔，她那麦当娜风格的发型与她十分相配。

她开始讲道："我平日里主要是弹音乐会、作曲，然后做一些自己的工作和练习。我几乎不上太多课，因为我的确没什么时间。我从未试过同时带几个学生；我带的学生必须兼具天赋和对音乐的渴望。我认为练习的时长一定取决于对作品的理解的速度。通常情况下，如果能够全神贯注的话，我想四个小时，或者最多五个小时对我来说就足够了。当然，练习的质量是重中之重。如果你不能够完全理解练习的片段的话，那么上千次的练习也只是徒劳的重复；因此，理解作品的结构和其中蕴含的意义是先决条件，随后才是上千次的练习、打磨，使其完美。"

"有许多时候，练习是可以脱离乐器本身的，比如可以通过仔细阅读乐谱并深思其意义来完成一部分练习。这个观点应该也是可以被大家理解的吧？要时常倾听自己的演奏，你在琴键上弹的每一个音都要仔细地去听，我认为这一点是至关重要的。我的学生通常专业水平都比较好，或者是想要以钢琴演奏为生计。不过，我偶尔也会带一两个初学者。倾听弹下去的每一个音，训练孩子的耳朵，应当是钢琴学习中一切的根基。"

让双手去寻找属于自己的舒适手型

　　"说到手型这件事儿，我力求不那么狭隘和守旧。如果学生能弹出优美的音调，并且能够取得合理的音乐效果，那么这个时候即便他们的手势并没有达到我的预期，我也会选择让他们顺其自然地继续往下学，然后适时地去做一些纠正。如果我一味地关注手型，停下所有其他的训练，只是纠正手型，那会让他们感到挫败，还会令他们一再觉得自己又从头开始了。这样的重复有时是有害无益的。教一个学生，从接受其当下所处的水平开始，带着他不断成长，这也是李斯特的教学理念。他不喜欢强行纠正一个演奏者已经养成的手型习惯，因为纠正过的手型可能看起来不够自然，还需要演奏者花费大量工夫去习得。他认为一个人的时间可以花在对自身更有利的地方。其实手型有很多种，每个人都是独特的学习个体，应该去选择最为合适、自然的手型。"

"我接下来这一季将会在欧洲弹很多场音乐会和独奏会，但是不会去美国。因为我去那儿巡回演出过多次，并且还曾在那儿居住过一段日子，所以我对那里已经很熟悉了。我最后离开美国却是因为一段悲伤的经历，我的姐姐，她经过长时间的病痛折磨后去世了，而她常与我做伴。所以，我暂时还不愿回到那个伤心之地。"

"不过，我还是很喜欢美国的，并且很钦佩他们在音乐和艺术领域取得的进步和发展。那里的听众能勇敢坚持自己的看法和观点，不会单纯地因为旁人都夸赞一部音乐作品就去赞赏，也不会单纯听信批评家的言辞。他们不会在自己鼓掌称赞之前去问周围人的看法。如果不喜欢，他们也能毫不畏惧地说出来。即便是只有拉格泰姆取悦了你，你也不怕承认这一点。当你明白什么才是更好的，才会这样说，正是这种坦诚真挚带来了如此飞跃的进步。他们正在迅速成为可以分辨音乐优劣的人。我发现最有鉴赏力的观众就在美国。"

奥赫小姐为柏林当地的女性团体做出了不少贡献。她资助建成了一个音乐系。不久之前，他们组织了一场关于女性作品的音乐展。美国各地的女性作曲家都投递了自己的作品。曾在慕尼黑居住过一段岁月的美国作曲家比奇夫人（Amy Beach）的作品在展览中有精彩的呈现。这个女性组织在德国的其他城市也有不少分支。

在钢琴家房间的墙壁上悬挂着几幅尺寸较大且极具创意的绘画作品。这几幅画作都是宗教主题的，是由奥赫女士唯一的兄弟奥赫先生创作的，但他却在职业生涯的巅峰期去世了。

奥赫小姐说："是的，我的母亲、兄弟和姊妹都已经走了，在美国我已是孑然一身了，如今我常感到孤独得很，好在我还拥有我的艺术。"

19. 埃莉诺·斯潘塞：
更多有关莱谢蒂茨基的理念

Eleanor Spencer

在我造访柏林期间，埃莉诺·斯潘塞恰好暂时也在，她下个季度在美国的首次巡演已经公布了。我是在她那迷人的公寓里见到她的，房子位于舍恩伯格区（Schönberg），远离车水马龙的喧嚣。从她的窗子望出去是自家的宽敞庭院和花园，她似乎是要为自己保留这一方宁静温馨的环境，这对于一个艺术家的创作和成长来说十分重要。斯潘塞小姐真是一个打理家居生活的能手，在德国的一个城市里，她让自己家具备了美式家庭所拥有的舒适起居。

她说："这些年我越来越讨厌住小旅店了，于是就在两年前买下了这个小公寓，我太喜欢这里了。""我已经离开美国九年了，这些年我所居住过的海外城市于我来说几乎就像家一样，甚至超过了我自己的家乡，这九年里我只回过美国两次，并且行程都很短暂。不过，我现在热切地盼着我即将到来的美国巡演。"

"我8岁之前一直在芝加哥生活，之后我们全家搬去了纽约。我在那里跟从威廉·梅森博士学习。我15岁左右便去了欧洲深造，先是跟一位大师上课，不久便去了维也纳，拜师莱谢蒂茨基，因为我觉得自己还需要对专业展开更为坚实的学习和准备。坚实的专业基础重要

191

至极，它就像一块基石，任何人离开了这块基石都无法取得伟大的成就。我所取得的一切都是自己努力练习的结果，对此我没有什么羞于提起的。就像我的一位同事所说，我的'所有空闲时间'几乎都用于练琴。当然了，如果你练琴时能够专注地集中所有注意力，那么超过五个小时的更多练习恐怕是让人无法忍受的。"

"我深信技术训练是要通过日常作品外的练习积累的，我一直是这样做的，现在也在坚持这样做。这会让你的双手找到弹奏的状态并提升水准，那些复杂的乐章就能更容易被掌握，你也能更轻松地完成乐章中的技术要求。当双手处于良好的状态时，就不用过度练习作品中的技术难点，在弹奏日常作品时也不会感到伤脑筋。我每天会花费一个小时或者更多时间进行技术训练，我使用很简单的练习曲目，但每个练习都会涉及一定的触键练习、手指活动练习或者其他限定练习。例如，大拇指在手掌下方的穿越练习，不同音色的练习，断音或是连音触键练习，音阶、琶音和各种其他类型的基础练习都应当包括在内。再有，总是可以把巴赫作为技术训练的一部分。"

"到维也纳之后，我先跟从布里（Bree）夫人上了一些预备基础课，不久，我就开始同时上布里夫人和莱谢蒂茨基的课，再后来就只跟着莱谢蒂茨基上课了。"

"在此我还想提一点，当然它可能不是很重要，主要是我刚好发现在美国似乎有些声称自己采用莱谢蒂茨基教学法的人不是很理解这一点：这些老师声称莱谢蒂茨基的方法是弹琴者将手指放置在琴键的边缘并保持一条水平直线，有时他们会将大拇指的指尖搭在琴键的中间，去保持大拇指的指尖越过其他手指的指尖。可是，这样的手型是那些自称莱谢蒂茨基的门徒的人所传授的，还是真的是莱谢蒂茨基倡导的呢？"

斯潘塞小姐说到这儿，笑出了声。

"这真是我没有听到过的教学理念！这样的手势一定会显得十分紧绷而不自然。相反，莱谢蒂茨基会希望弹琴时一切都采用最容易、最自然的方式。当然了，当你学琴伊始，试图去获得手和手指的那种力量和稳固感的时候，你必然会花一些时间去努力保持拱形手势和手指第一关节的平稳。过一段时间，当双手手型整体建立起来以后，就能自如地做出各种需要的手型了。莱谢蒂茨基弹琴时，通常双手会比较扁平地放在琴键上。他有一双漂亮的钢琴家的手。他手指的第一关节总是很稳固地自然弯曲着，以至于他不论做什么，他的指节一直保持着这种稳固的姿势。即使他只是用手指撩过自己的头发，他的手还是保持着那样自然的姿势。"

"莱谢蒂茨基实在是一位令人赞叹的老师！不过，学琴的人必须要自己知道如何才能更好地吸收消化所学的内容，怎样才能深入理解大师的处理，否则跟他学习就会变得困难。如果你不理解他的方法，或者抓不住大师讲授的重点，你上课时可能会经受极其痛苦的折磨。我就目睹过这样的情形！那些经受住考验的人会在课上得到许多启示。"

"我相信我不会给你留下这种印象：仅仅因为我很享受我所尊敬的老师所教的内容，我便不能接纳其他大师和流派。在我看来，狭隘是最令人讨厌的一种特质，我也十分害怕被人指责这一点。我在很多人身上都看到了很多优秀的品质，他们的为人处世之道和音乐理念——所有这些卓越和美好都是与艺术紧密联系的。"

"带着感谢和怀念之情送给布劳尔小姐，
纪念我们的柏林会面。埃莉诺·斯潘塞。"

背谱

"我是怎么去背谱的呢？首先，我会整体弹奏几遍，让
自己对乐曲的曲式和轮廓越来越熟悉。接着，我会开始分
析和学习作品，将乐句、动机、小节拆解开来，一次分析
一两个小节。我通常不会做太多的单手练习，除非曲子难

度极高；有时候，直接合手练习反而更容易。练习中比较好的一种做法是先仔细学习乐曲的旋律线，弄明白每一个乐句，而后不断练习，直到能以自己舒服的方式顺畅地弹奏出来。接着，要搞明白曲子的整体结构，以及曲子的高潮，这些都需要研究清楚并提前做好练习。学习一首作品时，当充分全面地将它消化成自己的东西，只要手指状态在，就可以随时演奏出来。或者，你即使许久未碰这首曲子，也能在几天时间内就找回弹奏的感觉。"

"对于整套曲目的选择是常常被忽视或不被理解的。一套曲目应当具有综合性，并且有一定的组成脉络。一个打算走音乐道路的钢琴学生应该尽可能地掌握所有钢琴文献知识，不仅要了解那些伟大作曲家的小型作品或是不太重要的作品，更要熟知那些大型作品。如果一个弹钢琴的人能在较小的年纪就具有扎实的古典乐修养，后期他将受益匪浅。"

力量与速度

"在弹琴时应具备更多的力量，一些和弦的重音练习对此有极大助益；5 个手指同时下键的练习是最为有效的。"

"把握速度的原则是避免一切不必要的动作——抬手指的动作要尽可能地放小，其他类似的不必要的动作都要尽可能避免。不过，在学习伊始，无论任何时候都要慢练，要注重准确性和音符的清晰度，手指则必须要抬起来。莱谢蒂茨基对手指运动深信不移，他认为对于手指的训练是绝对必要的。"

"过去的三年中，我一直在各地演出，然后就是自己练习。这并不意味着我已经将业内所有大师能传授的东西都掌握了，只是我感觉自己进入了一个需要自我修行的阶段，我必须要找到属于自己内心的声音。没有大师可以教会我们这一点；我们必须独自参透自己。"

"下个音乐季，我会和管弦乐队有大量的合作演出。其中一首协奏曲是由里姆斯基·科萨科夫创作的，曲子很短，只有一个乐章。作品写得很棒，写得很有魅力，我感觉它还没有在美国首演过。另外还有一首由伯恩哈德·施塔文哈根（Bernhard Stavenhagen）为钢琴和管弦乐队创作的新曲子，这首作品跟传统曲目相比较，添加了许多现代的元素。我特别享受和管弦乐队的合作，当然了，我自己也会有许多场独奏。"

斯潘塞女士在英国与欧洲大陆合作的都是顶级的管弦乐队，所到之处，人们都赞赏她纯净、歌唱性的音色，她极具可塑性的触键以及她独特的音乐气质。我相信她一定也能在美国取得成功，并结识许多慕名而来的朋友。

20. 阿图尔·霍克曼：

钢琴家如何用动作和情感为声音着色

Arthur Hochman

这位来自俄罗斯的青年钢琴家阿图尔·霍克曼，在最近的一次关于钢琴弹奏的访谈中曾谈道："一个钢琴家就像一个画家，在调色盘上应该可以调出无尽的色彩。"钢琴家应当在键盘上"挥舞丹青"，就如同画家在画布上描摹勾勒一般。钢琴本身便具有丰富多彩的音色变化，对于那些真正懂得如何去唤醒这件乐器的美的钢琴家来说，钢琴的琴键能够给予他们最完美的回馈。

"现今一些钢琴演奏者常在两个方面有所缺乏——乐句和音乐层次。如果抓不住这两个要素的重要性，很可能会丢掉整个音乐生涯。一个艺术家应当能够透彻地把握自己所演奏的作品，并能深深领悟作品的精神，以至于他对于乐句和力度的处理能够帮助他更好地表达作品。当他能够达到这样的高度时，无论乐谱上是怎样标记的，他总会对乐句做出极其精准的把控。我们都知道，乐谱的许多编辑工作是有一定欠缺的，那么它们本身又该是什么样子的呢？怎么能指望单纯通过一些跳音标记、连线、保持音记号、重音记号就诠释一部音乐作品的真谛呢？那是不可能的。在弱和强之间还有着无限的层次和许许多多的触键变化，然而这些还未被各个学派细致罗列过。一些著名的乐谱编辑，像是冯·彪罗、布索尼、欧根·达尔伯特（Eugen d'Albert）都为乐谱编辑与出版做出了很多贡献，使得学生能够更清晰明了地解读古典作品。可是即便如此，他们也意识到有不计其数的触键以及音色的问题永远不可能用音乐符号或是文字完全表现出来。"

钢琴家必备的四要素

"钢琴家若想被公众认可，取得艺术上的成功，有四点是必备的。分别是丰富的音乐色彩，富有个性和艺术性的乐句解读，真挚的情感，个人魅力。色彩对我而言意义深刻。许多颜色都是那么美：层次丰富的红色，金光闪闪的黄色，饱满温暖的棕色，温柔如水的蓝色。钢琴家也可以像画家一样用色彩描绘出精妙绝伦的作品。对我来说，暗红色代表着一种内心深处的柔软神秘的感觉。"霍克曼先生深有感触地在钢琴前为我做了示范讲解。"另一方面，闪烁的黄色透露着愉悦和明亮的情感。"这里他的示范是充满生命力的清脆断奏。霍克曼先生随后还演示了对许多其他颜色的体悟。

这位艺术家接着说道："我刚刚的讲解示范，只是为钢琴演奏色彩性问题提供了一点点想法，我也是想借此告诉大家，那些忽视了音乐色彩性或不理解音乐色彩性的演奏会缺少许多的美。我甚至可以点出一位在音乐界大名鼎鼎的钢琴家，他的技术简直无可挑剔，但是，他的演奏于我而言是干瘪的，毫无色彩的。那样的音乐无法给你任何想象，你不能从中汲取什么，就像是水——平淡如水。而现今有一位我很欣赏的钢琴家，他的名字是奥西普·加布里洛维奇（Ossip Gabrilowitsch），他对音色美感有着极高的领悟力，他的音乐给了我许多想象——许多的音乐画面。"

高潮的弱处理

"在我自己的演奏中，当我做乐句处理时，不会一直做渐强，将高潮所在的那个音弹得最强。虽然我知道大部分钢琴家会选择这样处理，但我反而会在高潮处做弱处理，我所说的这些是针对抒情作品的。接下来我会给你演示我讲的话是什么意思。比方说，这里有一个只有两小节长度的片段，但是内部有一条充满感情的旋律线。我会随着旋律线的发展做渐强，像你现在所看到的，到达最高点时，你也许会期待最强，但你会发现我反而弱弹，所有的尖锐、强硬瞬间被取缔了，你没有想到的音乐效果出现了。也正是因为如此，演奏中不断有引人关注的、让人意想不到的音乐效果出现。"

"人们通常会认为一个弹琴的人应该大量观摩钢琴音乐会，并尽可能多学习一些其他钢琴家的演奏技艺；我倒是认为自己从那些歌唱家的演唱中收获了更多。人声是最精妙的乐器，一个演奏者可以从优秀的歌唱表演中学习到太多音乐处理和声音色彩处理的技巧。钢琴家还需要听大量歌剧，因为他能从中得到很多关于音色、音乐效果、明暗对比、肢体和情感表达的启示。"

不需要千篇一律的表演

"正如我刚刚讲到的，钢琴家应当拥有的第三个重要的东西就是真挚的情感。我对于那种干巴巴的、机械的演奏是无法产生任何共情的，那样的演奏中每一处音乐效果都是冷静设计好的，每次都尝试做一样的音乐表现。演奏者怎么能在每次演奏的不同状态下保持同样的处理呢？如果演奏者只是单纯追求冷静统一的音乐处理，那么表演中何来音乐灵感呢？"

"真正的艺术家的演奏从来都不会是机械的。有时他的演奏可能是温柔的、让人融化的，有时又会是兴奋的。他必须足够自由地去表现内心的真实感受，同时随着经验的积累做到不越界失控。一位带着真情实感和'真心'演奏的钢琴家永远不会两次将同一首曲目表现出完全一样的效果，因为他的体悟不可能是完全一样的。当然，我说的这些可能更适用于公开演奏的情况。"

"还有一个比较重要的核心就是控制呼吸。无论耗费了多大的体力，呼吸都必须是轻松而自然的。在演奏强音和所有高难度段落时，尤其要注意嘴唇必须保持闭合，并通过鼻腔自然呼吸，在任何时候都该这么做才对。"

细节解析

"是的，我做很多教学工作，但我还是更愿意接收那些悟性高、程度深的学生。在教学过程中，我会特别关注学生的手型和触键。手指第一关节要坚挺地突出，除此以外，手、手腕和手臂，一直到双肩都需要自然放松。在为学生讲解作品时，我会极为细致地去'抠'每一个音符。作品的每一个细节都要挑出来仔细分析。学生能够完全理解和掌握一切细节后，才能从容地应对舞台、演出阵容、灯光和色彩变化！"

"我从一开始就执着于成为一个职业钢琴家。我生于俄国，之后去了柏林，跟着弗朗茨·克萨韦尔·沙尔文卡（Franz Xaver Scharwenka）学习了七八年，再后来师从于达尔伯特、施塔文哈根和其他几位大师。可是，当一个人学习了所有能从他人身上获取的知识之后，他最大的老师就变成了自己。我在欧洲弹过很多音乐会，也举办了很多场个人音乐会；也曾在美国比较大的那几个城市和顶尖的管弦乐队合作过。"

霍克曼先生在作曲方面也做了不少工作。他写了大量的艺术歌曲，一些大型作品不久后也会面世。

21. 特雷莎·卡雷尼奥：
早期技术训练

Teresa Carreño

一位音乐批评家曾描述卡雷尼奥女士："那位青春迷人的钢琴家特雷莎·卡雷尼奥今天又加入了我们。"

　　我至今还记得自己是个小姑娘的时候，第一次听到她演奏钢琴时感受到的震撼，她的演奏充满了力量、热情、个人光辉和魅力。那时的我是多么渴望去模仿她，希望自己也能像她那样弹琴！我不仅爱她的演奏，连带她这个人本身都爱极了。她走上舞台时优雅的举止，她坐在钢琴旁那胸有成竹的气度，甚至她那圆润洁白的手臂和手腕，以及腰间的鲜红色饰带都让我着迷！

　　在最近一次和卡雷尼奥夫人的对话中，我回忆起了小时候听她演奏会的事儿，尤其是关于红色饰带的细节，这让她开怀不已。

　　她说道："我很确定地跟你说，现在的我比起之前系着红饰带演出的那些岁月，心态上一点也没觉着老呢。"接着我们就开始聊起钢琴弹奏方面的问题了，尤其是她本人高超的弹奏技术。

　　"我从非常小的年纪就开始学琴了，这对于我后期的发展有着很大的帮助。"她说道："我喜欢钢琴的声音，大概 3 岁多一点，我就开始时不时在琴上弹些简单的旋律。6 岁半时，我开始了正式训练，因此到 9 岁时，我就已经在弹像肖邦的降 A 大调叙事曲这样的作品了。另一个对我特别有帮助的便利条件是，我有位理想的老师，便是我父亲。他看到我热爱钢琴，便决定要让我开始正式学习。他是一位资深的古典乐爱好者，如果他没从政，没有一心为国家的福祉而奋斗，那他毫无疑问能成为一位伟大的音乐家。他自己研究出了一套系统的钢琴教学法，他教我的方法，我现在又传授给了我的学生。他还发明了一系列极好的延展身体和体能训练的方法，我用过后觉得效果奇好，我便一直将此用于我的钢琴教学。不过，就像世上的任何其他事情一样，必须找到正确的方法和途径，否则效果不大。"

特蕾莎·卡雷尼奥

580 首技术训练

"我的父亲为我写了很多钢琴技术练习曲，准确来说，一共有 580 首！有一部分练习里包含了一些伟大作曲家创作的难点段落——可能起初在原作品中只是针对一只手的，而我父亲重新编写成了双手练习，使两只手都能得到训练。我的双手就得到了几乎同等的训练，因此我在弹奏中几乎感受不到太多的差别。这 580 首练习曲只要花三天时间就能全都过一遍。所有的曲目都得用各种调式进行转调练习，还可以做不同触键方式的练习，如连音、断奏、半断奏等，还有各种强弱变化的练习等。"

（你想想这种纯粹的对技术进行精心打磨的训练方式，再想想有些老师和学生呐，只花很少的时间或干脆不花时间在作品之外做技术训练！）

"我所进行的另一部分训练便是学习如何自我审视。我学着去听自己的声音，带着批判性思维去审视自己的弹奏，我必须得看到自己哪些地方做得不够，而后去改正、提高。这样的习惯和方法越早养成越好。我后面能取得成功，很大程度上都得归功于这种能力。我现在仍旧坚持这种方法，在那钢琴上你能看到我为接下来的独奏会所记的笔记，都是我反复推敲过的一些修改意见，并会随身携带。我总是力图将这种学习方法灌输给我的学生。我告诉他们，任何人都会在钢琴上制造出一堆噪音，不过我们需要的是能够让钢琴说话！当然我能为学生做的还是十分有限的，剩下的还是得由他们自己领悟!"

转调练习的价值

"我那位热诚的老师所坚持的另一种方法是转调练习。我几乎在不知不觉间就汲取了这个理念，不曾意识到有多费力地学习了转调的办法，这对我来说似乎很自然。我的父亲教学时很讲求技巧，他从不对我发号施令，而仅仅会说：'你能用 C 调弹出这首曲子，不过我怀疑你可能不会用 D 调弹出它。'这种怀疑激发了我的好胜心和自尊心，我就是要向他展示我能用 D 调弹，或者其他任何调，我都可以!"

"对于技术训练，我还弹奏了许多练习曲，比如大量的车尔尼练习曲。每一首练习曲也必须经过转调练习，因为我父亲从不让我将同一首练习曲用同样的调弹奏两次。因此，我可以说，几乎我演奏的所有作品，我都能用任意的调来弹。"

"一开始的整整一年时间里，我只做技术练习，之后才开始弹我的第一首曲子，竟是门德尔松的华丽随想曲（Op. 22）。由此可见我的基础打得多么牢固。我由衷地感谢自己能够在年幼时打下扎实的基础，这让我终身受益。现如今我们常听说不少关于学习钢琴的'捷径'，大量的新方法、技术指南等，但是我从未看到使用这种所谓的方法的人快速达到目标，成为全面的音乐家，反而见到那些采取智慧的、正确的训练方法的人通过艰苦的练习成就了自己。"

我问卡雷尼奥夫人，她是怎样通过最少的体能消耗而获取强大的力量的，她答道：

"力量的秘密蕴藏在放松里，或者换句话说，力量就是通过自然放松所得的。这话很容易被误解。你告诉学生要放松，如果他们不理解怎样做，那便找不到窍门。放松不是在弹琴时整个松懈下来，而是在需要的部分保持放松，其他部分则保持集中。在弹奏柴可夫斯基协奏曲中的强和弦时，我的双臂从肩膀垂下来，是绝对松弛的。实际上，我都没有意识到我的胳膊是怎样的。这就是为什么我能很轻松地演奏好几个小时而不觉得疲累。那真的是一种头脑控制的放松，你需要去思考和体会那种感觉，它首先来自头脑的控制，而后才能通过你的胳膊和手表现出来。需要思考这种感觉，而后做出来。"

"我弹奏的状态肯定给鲁道夫·马里亚·布赖特豪普特（Rudolf Maria Breithaupt）留下了深刻的印象，你们或许知道，他就是在听完我的演奏后，写了那本著名的《力量学派触键法》（*School of Weight Touch*）的，他把那本书献给了我。顺便提一下，这本书的第二版（修订本）是前一版的强化版。许多艺术家和音乐家都告诉过我，说我有着很特别的音色。如果的确如此的话，我敢肯定就是那种有控制的放松带来的效果。"

我认为卡雷尼奥的手对于弹琴有着一种异于常人的适应力。

"是的，"她答道，"那可以说是很像鲁宾斯坦先生的手了。这让我想到一件小事。我很小的时候，被带去了伦敦，有一次机缘巧合，我得以在鲁宾斯坦面前弹琴。他很开心来着，对我很是提携，到处向人推荐我，说我是他音乐上的女儿。多年以后，我们到了纽约，落脚在古老的克拉伦登酒店（Clarendon Hotel），那里居住着许多城中名流。第一天午餐时，我的阿姨和我坐在一张几乎都是年长女性落座的桌旁，她们好奇地打量着我们。那时候我是个害羞的女孩，在打量了一圈整个房间后就不敢再抬眼了。我的旁边坐着一位绅士。他把手搭在桌上，我盯着他的手看，接着又贴得更近看了看，和当年鲁宾斯坦的手真是太像了！我的眼神慢慢转向了这位绅士的脸——竟真的是鲁宾斯坦！他也看着我，然后他转过来，当着桌旁所有默默注视着我们的女士的面拥抱了我！"

随后我们聊起了柏林（那是这位钢琴家的故乡），还有她的音乐生涯，提起了冯·彪罗和卡尔·克林德沃特（Karl Klindworth）。"他们两位都是我的好朋友，"她说，"克林德沃特编辑的贝多芬和肖邦是多么棒的版本啊！正如歌德由衷感慨的，可以说克林德沃特在这些作品的编辑工作中筑就了自己音乐生涯的丰碑。我们应当对他在钢琴音乐世界里做出的伟大贡献表达敬意。"

"我感受到了这位艺术家怀抱的那个美好至极的愿望，一个灿烂辉煌的远景，去教导人们一同看到他的艺术与理想中的美好和壮丽。"

22. 威廉·巴克豪斯:

关于技巧问题的讨论

Wilhelm Backhaus

"怎样才能在钢琴上达成想要的音乐效果呢?"

年轻的德国艺术家威廉·巴克豪斯舒服地坐在自己位于纽约丽兹(Ritz)酒店的房间里接受着访问。在他旁边摆放着一架三角钢琴,这位钢琴家不时地在钢琴上轻轻弹几下,或是在话语间随手做一些示范。

"对于这个问题,我认为我是通过聆听、自我审视、自我批判等一系列细致工作进行练习的,直到我达到了想要的音乐效果。而后,如果我想达到同样的效果,我就能随心所欲地再度使用了,不过有时候我会想改变一下,尝试其他的诠释方式。"

"我会特别关注我在钢琴前的坐姿,我通常坐得要比大多数钢琴弹奏者低,人们总是容易坐得太高。我的琴凳这两天刚好拿出去修理了,不然我就可以让你看看它有多矮。我自己比较老派,仍是信赖音阶和琶音练习的。现在有些弹奏者认为这些内容没用,而我却坚持认为它们很重要。这并不意味着每次练琴前我会把所有调式的音阶过一遍,但每次我都会选择其中几个调式进行练习。在做正式的音阶、琶音训练前,我会先以很简单的小练习开始,就是单纯的大拇指穿越练习,每种练习都反复练几遍,尤其是针对琶音的。这个练习是个难点，不过只要坚持反复练习，就能轻松地克服困难。"

钢琴家说着又转向了键盘，十分清晰地为我演示了这一点。

"你能看到，我在转指的时候会让自己的手略微倾斜，但是手指随着力量转移而倾斜其实是更舒适的，能更容易找到当下合适的姿势去控制，无论是琶音中的转指，还是音阶中针对大拇指的活动。有些人可能觉得我的胳膊肘伸出太多了，但是我不在意，如果用这种方式可以让音阶变得更平滑和流畅，那便足够了。"

彻底检查自己的技术

"一周中，我总会彻底检查我的技术一到两次，确保所有的东西都在正轨上——当然了，音阶和琶音的弹奏我也都会去检查和注意的。针对这部分练习，我会用连奏、断奏和其他的触键方式去弹，不过大多数时候都是用连奏，因为连奏相比其他方式难度更大，音色也会更美。"

"或许，我拥有一种所谓的天生的自然技巧，即我在技术上有着一定的天资，因此对于我来说技术很容易掌握，然后它就一直伴随着我了。霍夫曼也有这种天生的技巧，达尔伯特亦然。当然，我还是必须要做技术练习的，我不会允许技术流失，我太爱弹琴了，以致我没有办法接受任何一个准备环节的缺失。一位钢琴家的专业态度要归功于自身和观众，这让他能一直努力保持完美的状态，因为他永远都得为观众展现最好的一面。我只是想说，我不必像一些钢琴家那样费力地练琴。但是，我也在日日坚持技术练习，而且会不断添加那些当下我认为我需要大量练习的技术训练。在巡回演奏会期间，我会争取每天一个小时的技术练习，不会再多了。"

说到手指的动作，巴克豪斯先生继续说道：

"哎呀，是呢，我只会在必要的时候做抬手指的动作，仅此而已了。你知道布赖特豪普特吧？他并不认同这种技巧性训练，像这样（一边向我演示），将一部分手指按住的同时抬起其他手指的练习，我倒是会做这种技巧练习。说到节拍器，在节奏感欠缺的情况下我赞同运用这个工具来帮助学生建立好的节奏感。我自己有时也会用，只是为了确认一下运用节拍器时的标准的节奏感和富有音乐性的节奏感之间的差异，因为它们并不常是相同的。"

"你知道这些勃拉姆斯的技术练习吗？我在这些曲子上投入了很多精力，正如你看到的，我走到哪里都带着，它们实在是太棒了。"

"你刚问我关于八度的问题。现在我觉得八度对我来说很轻松，但是我还记得我也曾觉得它们很难。唯一的解决办法就是持续地练习。当然，八度对于小手来说是更难的，因此要格外注意，不要让手指过度拉扯或让肌肉疲劳过度。每次练习一点点，并间歇性地进行反复训练，大概需要 6 个月就能看到令人吃惊的效果。另外，划船运动可以很好地帮助你提升手腕力量，以更好地练习八度。"

"你想知道我是如何增强自己的下键力量的。这是个很难回答的问题。为什么有的孩子几乎瞬间就学会了游泳，而另一些孩子很长一段时间都掌握不了？首先这是靠自己的领悟习得的——领悟了的孩子就掌握了诀窍，就是这样。对于学钢琴的人而言，掌控力量也是如此。它不是你体格好，或是使用蛮力就可以获得的，否则只有体育运动员才可能拥有充沛的力量弹琴。如你所想，它是'诀窍'，或者更确切地说，是放松的结果。"

"再讲讲速度的事儿。我从不会像有些人那样特地为一件事去做点工作。我很少以极快的速度练习，这会影响到曲子的清晰度。我更愿意放慢速度弹奏，对清晰度和音调的美感给予最大的关注。在追求这些目标的过程中，我发现当我需要提高速度时，它自然而然就有了。"

　　"我不是一位钢琴教育理论专家，也不想成为教育专家。我没有时间进行教学，我自己练习的时间和演出时间就已经占满了我的日程表。我认为一个音乐家很难成功兼顾钢琴教育和职业演奏生涯。如果我进行教学，无疑要有对别人的演奏进行分析和评论的习惯，并要习惯于为学生剖析和示范音乐处理的办法。但是，我并不是评论家，也不是钢琴教师，因此我常常也解释不清楚自己是如何做到想要的音乐效果的。引用一句古老的德语歌曲中的词，即我弹琴'就如鸟儿歌唱'般天生、自然。"

现代钢琴作品

"你们熟悉的麦克道威尔创作了一些优秀的作品，一些很好听的钢琴曲，我对他的 D 小调钢琴协奏曲很熟悉，还有其他一些小曲以及奏鸣曲等。近现代的钢琴协奏曲并不多，事实的确如此。现有的钢琴协奏曲主要就是拉赫玛尼诺夫的协奏曲，以及我刚提到的麦克道威尔的协奏曲，还有鲁宾斯坦的 D 小调钢琴协奏曲，再就是圣桑的 G 小调钢琴协奏曲。还有一首奥托·奈策尔（Otto Neitzel）的协奏曲，是最有意思的一部创作，印象中它还没有在美国首演过。我在其他地方演奏过，我可能会在即将到来的美国巡演中弹这首作品。这首协奏曲是一首很优秀的作品，作曲家在其中倾注了他最好的思想、感情和力量。"

一首勃拉姆斯协奏曲

不久之后，当我听到巴克豪斯先生与纽约交响乐团合作的勃拉姆斯第二钢琴协奏曲时，那精彩的演奏让我想起了记忆深处的一件事，发生在我在柏林留学的日子里。那是一次特别的音乐会，独奏嘉宾正是伟大的勃拉姆斯先生本人。冯·彪罗先生担任管弦乐队指挥，勃拉姆斯演奏了自己创作的第二钢琴协奏曲。以现在的眼光来看，这位汉堡的大师算不上一位技术性极强的演奏者，他的触键似乎有些坚硬，声音也相对干涩，不过他的演奏极为娴熟，魁梧的身材和长长的胡须，在钢琴前一坐下便散发着强大的气场。可想而知，当晚的表演唤起了全场观众的热情，铺天盖地的掌声和欢呼声经久不息，接着观众还为他献上了一顶大大的月桂花冠。几天之后，我同巴克豪斯先生提起了这件事。

他说："我第一次弹勃拉姆斯的钢琴协奏曲，正是在维也纳跟随汉斯·里希特学习时，当时是他推荐我学这首作品的。美国听众现在已经开始崇拜和欣赏勃拉姆斯的作品了，他的作品将在那里盛行。"

"在学习这样一首协奏曲时，我不仅需要掌握自己演奏的部分，还需要学习其他乐器的部分——我必须清楚地知道每个乐器演奏的部分是什么。我在学习协奏曲时常常会用管弦乐队总谱，这样我能更全面地理解整个作品。"

23. 亚历山大·兰伯特：
美国老师与欧洲老师

Alexander Lambert

在美国的钢琴教师中，亚历山大·兰伯特有着极高的声望。在他超过 25 年的教学生涯中，他一直都在不断提升钢琴教学和演奏的艺术标准。四分之一个世纪以来，他全面而勤勉的钢琴教育工作想必给美国正在成长起来的这一代学生和老师都带来了深远的影响，他为美国艺术教育的进步和发展做出了极大贡献。

如果在我们身边就生活和工作着一位本土的艺术造诣极高的钢琴老师，一个从来都不把钱财作为人生最大追求，也不会在意别人的吹捧谄媚的老师，那么这是多么地幸运啊。毫无疑问，兰伯特先生的学生都得到了丰富全面的教育指导。音阶的练习，无论是自愿还是被迫，必得是弹琴者每日的"食粮"；在开始乐曲学习之前，学生必须先掌握好的手型，确保手指各个关节保持稳定的突出，以及双臂和身体的自然放松。对技术的打磨需要贯穿整个钢琴生涯，要和作品的学习保持同样的重视程度；并且，技术一定要在作品之外被拿出来单独练习。为什么不呢？对于技术的追求难道有所谓的天花板吗？如果抛弃技术，作品还能被完全呈现出来吗？技术训练不就应该是时常更新、日渐精益的吗？

在最近的一次对话中，我向兰伯特先生问道："在您执教的这些年里，您的学生追求的目标，以及纽约的钢琴教学环境有许多改变吗？"

"据我所知，的确是有些变化的。"他答道，"不过我必须得说，在美国，钢琴教学的环境是比较特别的。这里有一些极其出色的老师，以他们的水平，在任何地方都能立足，也能带出优秀的艺术家。即便让一个学生跟从他们中最棒的人学习，这个学生还是会期望有机会去欧洲跟随那里的艺术家继续深造。他们总是对自己的状态不满意，直到能获得来自国外的音乐家的认可。如果这种情形只是发生在那些技艺精湛的艺术家身上便也罢了，甚至那些平庸的演奏者也有这样的追求。他们同样会梦想着去欧洲学习以获得'更充分的优势'。但有些学生连学习的基础可能都不具备——甚至连音阶都无法正确弹出来，还妄想一定要留学！"

"你问我，现今在美国学习的学生是否能得到像在欧洲那样好的指导？让我即刻回答，的确有点难。我完全相信美国有和其他地方一样好的钢琴教师，从某种层面来看，他们甚至更好。一方面他们的品行更高洁，对，道德感更强；另一方面他们更加细致入微，花更多心思对待学生，为学生付出得更多。如果遇到了这样一位老师，那真是值得学生深切敬重和感激的。唉，但老师很少遇到真正懂得感恩的学生。当老师千辛万苦培养了一个学生——刚刚将他塑造成一个素养良好的艺术家，学生便会很快提出：'现在，我要出国求学了，跟着一位欧洲知名大师学艺！'最后结果会是什么样的呢？很可能他后期也没什么成就，之后也就悄无声息了。于我而言，我也曾接收过一些跟着国外的顶级大师学习过多年的学生，他们的演奏还是存在各种缺陷和问题，我不得不花费很长时间去纠正。其中有些学生来学习的时候，触键生硬，双臂和身体紧绷，对于踏板的使用有着一定的问题，对钢琴弹奏中的一些基础的掌握亦是缺乏。"

不费力的力量

"我是怎样教导学生更轻松地获取弹奏中的力量的呢？放松即是全部的秘密。人的胳膊本身实际上非常沉，它已经有着十足的重量了。可以按下面的方法来做：让胳膊自然放松，带着它的全部重量下垂而搭在琴键上，你就拥有了所需要的所有力量。与此同时，手指保持坚实的拱形。另一半秘密就在于此。指关节必须要保持稳固突出，尤其是掌关节。可以想见，如果指关节摇晃放松，那力量就不能自然地传导下来，也就不会有好的音色。"

"我会为孩子们和初学者教授拱形手型和明确无误的手指动作。刚开始的阶段，手指要抬起来，但不能太高。有些老师可能不教抬手指的动作，因为他们宣称艺术家演奏时不会用到太多的手指动作。实际上，如果你真的去问艺术家的话，他们会告诉你，他学琴伊始也学习了抬指。学琴过程有着许多不同的阶段。初学者必须通过抬指训练来提高手指的技能，并掌握良好的、清晰的触键方法。到了中期，等他掌握了良好的手指控制能力后，则需要渐渐减少抬手指的动作，但是弹奏出的每一个音仍旧需要确保足够清晰。到更后期的阶段，学生则需要以更加轻微而不易察觉的触键方法去弹琴，而手指则需要更准确地对每一个大脑提出的指令做出反应。"

"有时候，来找我学习的学生能弹奏复杂的曲目，却连音阶都不会弹。我坚持让学生学习音阶和琶音，并且对巴赫的作品进行系统学习。我会在钢琴教学中使用几乎所有巴赫的作品，如巴赫二部、三部创意曲，法国组曲，英国组曲，平均律钢琴曲集，还有李斯特改编的为管风琴而作的前奏曲与赋格等。"

24. 范妮·布卢姆菲尔德·蔡斯勒：

钢琴技术的范围

Fannie Bloomfield Zeisler

每一年，当我们聆听范妮·布卢姆菲尔德·蔡斯勒女士的演奏时，总会感受到她更具阅历的生命体验，更加清晰的对人性的洞见，更宽广的视野和对艺术与人生的更深刻的领悟。这种不断追求真理和对真理最真挚的表达的心态，一定是不断进步的，直至达成最高境界，就如现在一样。蔡斯勒女士并非键盘乐器的梦想家，也不是艺术的狂想者。她是一位深入实践的音乐家，既能阐述，也能演示，既能演奏，也能交谈。她有丰富的阅历，以及艺术家所说的最深邃的真诚和信念感，因此她的演奏极具权威和热情。

　　"对于钢琴学生来说，首先要做的事便是掌握正确的手型。我认为手腕应当和中指第二个关节大体保持在一个水平线上，而手指需保持正确的拱形的状态。这个时候，学生一般会需要略微抬高落下去的手指关节，实际上，学生能够自然地找到这个合适的框架，双手的其他部位也会相应摆放正确。有两件事是重中之重，即坚实的指关节和放松的手腕；这是必须从学琴伊始就要坚持做的。我自己弹琴时，如果希望达到某种特定的音乐效果，有时也会绷紧手腕，不过我可以很肯定地说，我认为，绝不会有人看到我带着扭曲无力的手指弹琴。"

钢琴技术都包含什么

"钢琴技术包含的方面实在是太多了，一切都能纳入其中：算术，语法，措辞，语言研究，诗歌，历史，绘画，等等！在第一个阶段，有许多核心的规则要掌握，与学习其他任何东西一样。这就像在学校需要学习语法和算术的规则。就是这些规则将被运用到音乐演奏中。我必须弄清楚格律的准则才能正确地划分诗节；我必须清楚地知道节奏和节拍的标准才能正确地划分音乐的乐句和段落。如果学生学琴时长期越过一些节奏的划分训练，那么他们可能也无法很好地辨别音乐中一些变节奏音型的时值长度。他们在遇到三连音、附点音符时便会不知所措。所以，你应该明白了，'只是钢琴技术'就包含了无穷的内容，这是一个范围很广的主题。"

"带着最真挚的美好祝愿，范妮·布卢姆菲尔德·蔡斯勒，芝加哥，1914年12月30日。"

因材施教

"由于学生的手和身体存在条件差异，悟性和天赋程度也有所不同，学生面临的问题也不尽相同。那些最有天赋的学生最终往往都不是最令人满意的学生。他们能很快领悟到作曲家的创作特点，所以有时几天之内，他们就能拿下一首难度较大的作品，而后以浮夸的方式展现出来，蒙蔽了肤浅的听众；但是，这些学生不会对

239

作品的艺术细节展开更进一步的打磨。他们也不愿沉淀下来，花更多的时间在技术和练习上，为自己打下全面、坚实的基础。如果课程内容相对难一些，他们就会失去耐心，认为自己遇到了阻碍，反而倾向于跟着更浅薄的老师学习。后果就是他们永远也不可能有真正的成就。相反，如果这批天赋异秉的学生能坚韧不拔地学习，就会成为优秀的艺术家。我自己更乐意招收一个有悟性、诚恳、认真的学生，他能听从指导，积极主动地练习。我不会招一个仅仅有一定天资的学生。一个人身上很难兼备这两类品质。但当你发现一个学生既具备天赋又勤奋，只要辅之以正确的训练方法，你就会看到一个卓越的音乐家的诞生。"

和声学习

"钢琴老师需要坚持一件事，即让学生学习和声。学生需要掌握调式调性、和弦以及和声行进在作品中的实际应用。他或许没有必要学习管弦乐编曲或作曲，但他必须懂得音乐素材的基础和结构框架。我的学生必须认识音阶中的所有不同性质的和声，并懂得如何去分析它们，之后我才能教给他如何使用踏板。如果没有这些知识铺垫，我在讲关于踏板使用的部分时，对他们来说就如希腊语一般难以理解。在找我进一步学习之前，必得先掌握这些。"

遵守规则

"经验对于教师的重要意义不言而喻，不过对于钢琴家，则更加重要。初学者必须按照正确的方法弹奏，直到他彻底掌握了方法。他会看到一个功成名就的艺术家有时保持着一种特别的手型，或者用不常用的手指去弹出八度，或者用其他一些看似不寻常的方式演奏，这时，他不应该去想自己也可以随意地做出同样的动作。相反，在尝试一些相对自由的弹奏方法之前，他必须学会用正常的、安全的方法弹奏。一些对缺乏经验的学生而言十分稀奇的弹法，可能是那些成熟的艺术家为达成某种音乐效果而使用的特别的方法。老艺术家拥有丰富的经验和学习经历，深知他们想要什么效果，以及用什么办法去完成。艺术家所做的许多事情都不是学生应当尝试的。艺术家对自己双手的能力了然于心。从某种意义上讲，他们的技巧都是个性化的；没有经验或经验不足的学习者是不应去模仿的。如果我弹一个和弦片段时选择抬高自己的手腕，那是因为我想要达成特定的声音效果或者音乐效果，然而，不假思索的学生可能会以为悬着的手腕是我养成的习惯，但事实并非如此。正是这个原因，我是不会给任何人只短暂地上一次钢琴课的，也不会给任何学生只讲解一首作品。至于作品诠释的问题，其实学生可以从音乐会中学到很多关于作品的诠释方式和方法，只要学生真的能够把握和消化。"

关于音乐诠释

"音乐诠释！这是个范围很广的主题，该如何讲解呢？我总是会首先尝试唤起学生的想象力。学生需要先了解一首乐曲创作的风格特点，而后尽力去理解作品背后的意义。如果它是广板呢——那应当是严肃而深情的；如果它是谐谑曲呢——那应当是欢快而又漫不经心的。很多时候我们不能依靠节拍器打拍子，因为那个节拍有时并不可靠。就像舒曼的作品，用节拍器打出的节拍根本就不符合音乐旋律本身的节奏感。我们应当尽力感受音乐本身的节奏感，感受韵律的回荡，感受音乐的精神。在弹奏乐曲的开篇主题或者回到音乐主题动机时，总要使其明确突出，去吸引听众注意，使听众能够更清晰地理解作品；当乐曲行至其他部分，则可以柔和下来，或者做各种不同的音乐变化。声音强弱和音色变化在演奏中是必须项，但是一个段落是用渐弱还是渐强，一个段落的跑动是轻柔的还是强有力的，这些并不能成为音乐诠释中多元性或个人风格的足够筹码。这是我的观点，虽然其他演奏者可能会有完全不同的看法。一个人应当有极大的包容心去接纳每种音乐诠释中的美。我不希望自己的学生照搬我的演奏，或做着和我同样的音乐诠释。我虽然会向他们展示我怎么做，但是最终会让他们按照自己的理解和见识去表达作品。"

"极弱的演奏是要放在程度深一些的时候去学的。一个初学者不应当很快开始学习这部分，那只会使他们的弹奏变得软弱无力。真正的极弱并非是虚弱的产物，相反它是力量控制的产物。"

美国的古典乐环境

"美国这些年在对古典乐的理解和鉴赏方面取得了惊人的进步，音乐批评家们也是如此，他们当中的许多人都对古典乐所学颇深。即使是小镇上的观众也热衷于古典乐。有时候会有人问我，为什么我会选择在那么小的城镇上演奏贝多芬的最后一首奏鸣曲，就是因为那里的观众能够全身心地投入到作品中，他们会仔细聆听每一个音符。如果我们不给出最好的音乐，他们要怎样去学习呢？"

"现在的问题是这里的观众压根儿就不知道自己懂得多少，事实上他们非常有天分。我们很容易就被一个外国名字和头衔唬住，这里真正厉害的、有天赋的音乐家经常被一些不知名的、名字以'斯基'结尾的人逼到角落里而不被听众认可。这些音乐家都是有能力在美国巡演的人（至少都巡回过一个音乐季），也在国家的音乐学校或高等学府获得了最优的成绩，是出类拔萃的音乐家。在面对人们这些全然错误和不合理的认知时，我感到十分困扰。我有许多学生天分很高，他们从全国各地来到我这儿学习。其中一些人成长为最出色的音乐会艺术家。如果我将他们推荐给经纪人或相关机构，我的推荐难道都没法起到什么作用吗？我难道不知道我的学生水平几何或者一个音乐会演奏家需要怎样的素养吗？可是，即便有我的推荐，我的学生最终也拿不到合约，被选中的总是那些有着浮夸名字的外国人。在我职业生涯的开端，我奋力尝试过各种方式使自己的演奏能够在美国被更多人听到。但是，直到我在欧洲闯出了名堂，我才被我自己国家的人民认可。真的应该向所有为了美国古典乐独立而奋斗的音乐家致以我们的全部敬意！"

范妮·布卢姆菲尔德·蔡斯勒

一些提问

结束这次和蔡斯勒夫人的对话后不久，我迅速写下了一些问题，一些能够让她为自己的教学和演奏风格做更深入阐释的问题，并把文稿寄给了她。这位艺术家彼时的行程安排得满满当当，很长一段时间都在进行辛苦的巡演，后来又去了欧洲。我的问题大概近一年了还没能够得到回复。当她再次回到纽约后，她请我去她下榻的酒店。她走进房间招呼我，手上拿着几页纸，上面是我的那些问题。我对着她惊呼，她竟然把这些纸保存了这么久。

她答道："我是事必躬亲的，收到你给我寄来的问题后，我一直留着，现在我们一起来看看你提出的问题。"

1. 您喜欢用什么样的方法获取力量？

"我可能会说——没有。其实没必要用所谓特殊的途径获得力量。只要一切准备就位，你就能拥有足够的力量了。水到渠成后，力量会来找你。如果你完整掌握了一首乐曲，那么通过充分的练习，你的手指应该已经获得了所需的力量，当你想要达成某种特定的音乐效果时，你自然就有足够的力量去做你想要的效果，因此这跟个人的弹奏技术也是息息相关的。而且力量在很多时候是相对的，两位钢琴家弹奏时的力量可能不在一个量级上。提到这儿，我想到一件有趣的事。我儿子保罗，在他还小的时候，很喜欢炫耀妈妈，我告诫过他不要这样做，但没用。有一次他和另一个男孩起了争执，男孩的父亲是业余钢琴家。那个男孩辩称自己的爸爸弹钢琴比我强，因为'他弹奏的声音更响亮'。我儿子后来告诉了我这件事，但我不知道他们俩最后争出结果了没有。"

"'你认为怎么做才算一个优秀的演奏家呢？'我问他。"

"他回答我说：'如果你既可以弹得足够轻柔，又能足够强烈，既可以缓慢无比，也能速度惊人，那应该就是很不错的了。'简单来说也就是这么回事，况且他彼时还是个那么小的孩子！"

"就像我说的，技术上的各个环节如果都已经做到位了，力量和速度就会自然而然地获得。"

2. 对于较弱的指关节，您会做什么？

"必须即刻去加强指关节的力量。每当有一个新学生上我这儿学习，要做的第一件事就是掌握正确的手型，保持手指呈现坚挺的拱形状态。如果这个学生聪明，学得快，几周之内就能达成；通常则需要花几个月来练习。但这是一定要做到的。比方说演奏贝多芬的奏鸣曲时需要坚挺的手指力量，如果手指力量弱就无法弹好。手指必须保持拱形，指关节还要足够坚挺，才能够更好地去支撑弹奏所需的力量。正如你说的，这项工作可以在书桌前完成，不过我更倾向于在键盘上做，毕竟木头不会给你什么回应。"

"我觉得，越小的孩子会越容易掌握这一点。他们是一张白纸，不需要去纠正什么错误，他们喜欢保持双手的良好状态，让手型看上去很漂亮。他们开始时可以用适合小孩子肌肉力量的下键不太费劲的键盘来练习，最好是下键力量不超过 2 盎司（约 517 克）的键盘，这是琴键重量的最低标准。当他们渐渐长大，力量增强了，重量也可以随之增加了。如果很小的孩子一开始就用我使用的更有重量的键盘练习，会很快让他们的手指出现折指的情况，或是手指无法承担重量而站不稳。"

3. 您赞同抬指的方法吗？

"这是我最强调的一点。抬指绝对是学琴过程中最核心的要素。必须锻炼手指活动的能力。如你所言，我们无法让所有手指都达到同样的状态，也许练习500年都不能让无名指和大拇指一样有力。我们反而要去接纳和适应每一根手指的重量和下键力度不一样的事实，但只要通过努力，就能让每个音听起来一样均衡自如。我告诉我的学生，关于力量，不同手指间是互相关联的。"说到这儿，钢琴家拿起铅笔，在纸上画了四条短短的直线，象征着四根指头相对自然的力量。"而小拇指，看似在音阶或是跑动段落中相对弱，然而学生只要通过正确的学习方法，就可以学会减轻容易弹强音的手指的压力，而适度提升相对力量小的手指的重量。"

4. 您赞成在作品学习之外进行技术练习吗？

"当然。学生在不同程度的学习阶段需要花费不一样长度的时间去做技术练习。刚开始，我认为学生全部四个小时的练习时间都要投入到技术练习中。当有了较深的程度并有一定把控能力后，技术练习的量可以减到两小时。再之后，一个小时就足够了。当弹琴的人水平足够高，他只需要花费很短的时间便可以找到好的手指状态。可能仅仅是快速跑动的琶音，或是一首练习曲，就能满足他当下技术练习的需求了。"

"只要学习方法是正确的，那么演奏者在学习作品的过程中，对于力量和技术的掌控能力也会有所提升。每首作品首先都是一种技术练习。基础一定要打牢固，而后这些方法的积累才能被应用到练习曲和乐曲中。"

5. 您认为钢琴演奏中最关键的技术要领是什么？

"这是个很难的问题，涉及钢琴演奏的方方面面。有各种不同形式的音阶，单音的和双音的。琶音亦是重点，因为它们时常以不同形式出现。还有八度、和弦、踏板等。"

我补充道："还有颤音。"

"对，颤音，不过，它还算是一个比较个人的东西。一些弹奏者能很自然地弹出来，或是不费什么气力就做到，其他人则或多或少会遇到一定的困难。他们似乎无法弹出一种快速而均匀的颤音。还有，就是有许多的钢琴弹奏者不能流畅而带有艺术性地结束颤音。固定次数的重复颤音练习是没有问题的，但当他们习惯于单一、机械的颤音时，就很难完美地结束颤音，让音乐自然流畅地继续。"

6. 您建议用什么方法提速呢？

"我对这个问题的回答和第一个问题是同样的——没

什么方法。我从不刻意追求速度，或者用一些方法加速。这应该是一件自然而然的事情。如果你对一首作品有相当的把握，理解作品的意义，并明确你想表达的音乐效果，那么你不费吹灰之力就能弹奏出曲子所需要的速度。当然，这不适用于那些演奏方法有问题的学生，他们手指无力，触键犹豫，还伴随各种其他问题。我想这些问题在演奏速度慢一些的作品时不会那么显眼。比如，一个学生或许能够把亨德尔的慢板弹下来，即便他的手指不够沉稳有力，他也能大致将作品的主题表达出来，但让他弹一首急速的曲子就会比较困难了。他在演奏慢板时这些问题也是存在的，只是不会那么明显地表现出来罢了。快速的曲子会立马让他暴露。有些作曲家的创作需要演奏者近乎完美的技术支撑，才能充分展现其魅力。莫扎特就是这类作曲家。他的很多音乐看似简单，也极易识谱，但是要把它弹出作曲家想要的效果就全然是另一件事了。我很少让学生弹莫扎特。他的曲子里有无穷无尽的音阶、琶音和跑动段落，这些都必须被演绎得完美无瑕，碰错一个音都不行！演奏莫扎特的音乐就得契合它的作品精神，你必须将自己置于作品创作的那个时代——那是一个随处是大裙摆、扑粉假发、鼻烟壶和装模作样的小步舞曲的年代。我并不是说莫扎特的音乐是没有真情实感的，恰恰相反，曲中充满了情感表达，只是那是不属于我们这个时代的方式，而是昨日，是莫扎特在一个多世纪前的音乐流露。"

"我自己是极喜爱莫扎特的音乐的。我音乐生涯中最成功的演出之一就是与芝加哥管弦乐团合作的莫扎特钢琴协奏曲。事后，我还和一位同事说，这算是我完成的最难的演出之一。'是的，当你演奏了莫扎特，那么你就无可遮掩了。'他狡黠地冲我说道。"

7. 您是怎样保证充足的曲目量的呢？

"如果你是指我自己的话，我会告诉你，我不会试图让自己把握住所有的曲目，因为我曾弹过成千上万首作品，而且我也需要留出时间学习新曲目。有一部分曲子我会经常练，当然我也会根据音乐会的曲目需求和时长进行调整。我练习时，通常会慢慢过一遍整个作品，尤其会留意那些有所欠缺和需要特别处理的地方。针对这些地方，我会多次反复，而后再重复过一遍整首曲子，看看刚才不足的地方有没有改善，能否与曲子的其他部分衔接得天衣无缝。如果还不能，我会再继续多加练习。不过，我还是以慢速练习为主。只是偶尔，我会按曲目原本的速度弹上几遍。"

"我常建议我的学生慢练。如果他们带来一首新的作品让我第一次听，那必须得弹得慢一些、仔细一些；如果是第二或第三次找我听，这个时候他们已经有足够的时间去加速，那么在见我之前就可以偶尔按原速弹奏了。但是，持续以很快的速度演奏乐曲是十分有害的，那会让你忽视掉检查细节的习惯，以至于常常是自己都不知道自己弹了些什么。当你用音乐会的速度弹奏时，你没有时间去思考你的指法、动作和状态，你会完全把这些放在考虑之外。只有慢练，你才有时间和机会去思考一切。"

"举例来说，一个常举办巡演的签约钢琴家，在巡演期间，他常常会连续几场音乐会都重复弹奏相同的曲目，在这期间可能根本没有机会练琴。前面几次，他可能弹得还算顺利，接着可能会开始出现一些小错误和让人感觉薄弱的片段。因为没有时间进行慢练，所以连续重复的演奏只会让不确定性增加。长此以往，几个月后，他的演奏就会逐渐变得让人难以接受。这就是持续的快速演奏带来的后果。"

8. 您是怎样保持自己的技术水平的呢？

"如果一个人的程度很深，那么只是弹一些琶音和音阶练习，或是一首高难度的练习曲就能马上找到手指状态。当这个人休息下来，或是享受了一段假期后，一些基础的技术训练和手指练习可能是必要的，要让肌肉重新被唤醒，找回手指的控制力和速度。弹奏者可能时常需要复习那些最基础的技术训练，不过，如果你之前已经全面掌握了各项弹奏技术，那么技术水平是能够很快重拾的。如果一个人停止练琴太长时间了，那回归的过程就比较慢了，需要更精心的准备才行。"

"在教学中我会使用大量的车尔尼练习曲，来帮助学生进行技术练习。Op.299 是一定的，更早期的或是稍容易一些的车尔尼练习曲也是有必要的；之后是Op.740，这套作品中的一些练习对于维持技术水准非常有帮助。肖邦练习曲同样也是技术训练的很好的每日食粮。"

9. 学习和弦的最好方式是什么？

"从手腕和强有力的手指入手。手小一些的钢琴弹奏者当然要从手型较为保守的和弦开始练习。"

10. 您对于手指练习操方面有什么建议呢?

"不同情况的手需要对症下药。用力时紧张一些的手需要通过按摩来让手指放松,并拉伸手指间的肌肉。肌肉松弛无力的手也可以通过按摩来逐渐恢复强韧的力量,不过这肯定会比拉伸双手要难。但是,通常只要学生的技术训练方法是正确的,他的双手肯定会是有力又灵活放松的。"

25. 阿格尼丝·摩根：

钢琴教学中的"简易性"

Agnes Morgan

阿格尼丝·摩根夫人几乎是纽约最忙碌的钢琴老师之一了，每学期跟她上钢琴小课的学生几乎达到上百人。摩根夫人已经在钢琴教育这个领域辛勤耕耘了二十几年，她自己也越发成功。但这一切成就似乎都是那么地悄无声息，外界基本只是通过学生们的成果了解到这位背后的老师。现在的她可以自己挑选学生了，这于她而言是极大的安慰，帮她摆脱了许多教学困难，这也是她深深热爱自己工作的一个原因。

　　当一位教师在学期中的每一天都是从早上9点工作到晚上6点以后，想要找出空闲时间探讨一些钢琴教学的方式方法也是极其不易的。不过，机缘巧合，我们实现了这次访谈。

　　许多问题涌进我的脑海：这位老师是以怎样的艺术造诣或者影响力俘获无数学生的？是什么将社会上的学生，还有音乐专业的学生以及年轻教师都聚集到她这里的？是什么魔力引得如此多的学生投向她，以至于要聘用5个助理为那些还没准备好接受她亲自指导的学生做前期的基础工作？当我真正见到这位谦逊低调的夫人时，她简单热情地问候了我，又温和端庄地分享着她的工作，让我感觉到，她的魅力或许就源于她用最简易的方法传达权威性理念的能力。

"我曾跟随威廉·梅森博士学习过，"摩根夫人说，"他曾说触键的音乐性是天生的，而非后天造就的。但是我发现只要耐心引导一个学生，他就能弹出足够优美的声音，甚至孩子也能做到。所有的秘密就在于手臂和手腕要足够放松，双手呈拱形，指关节稳定。"

一位美国教师的启示

"在我心目中，梅森博士是让我真正领悟到弹琴真谛的人。我弹琴一直都是比较出色的，因为技术对我而言是比较轻松的。我曾在莱比锡学习，不过在那里我基本没学到什么弹奏的方法技巧，大量的高难度曲目'填满了'我的学习时光。我也曾跟着莫什科夫斯基学习，但真的是梅森博士，这位美国教师，让我第一次学会了思考音乐。我开始努力思索一些处理方式背后的原因，也会常常和他争论，直到他笑着说：'你和我用了不同的方式，不过我们殊途同归。'从那时起，我便不断探索，直到我摸索着形成了属于自己的一套体系。一个教师永远不能原地踏步。我如果不能从每一个学生身上习得宝贵的经验，那我就是个傻瓜，因为每个学生在教学过程中都是一个独特的研究案例。这个成长过程可能有25 年之久——最终，我通过自己的努力，能够在教学中将技术这个大的问题以最简易的方式为学生呈现。我也一直在学习到底哪些是不甚重要的，以及哪些是容易被人们忽视的。"

简易性

"简易性是我工作的基调。我只会去教授要点。实在是有太多不错的练习曲和技术练习了，比如车尔尼的就都很棒。我深信这些优质的内容，但与此同时并没有那么多时间在教学中一一覆盖。巴赫也是。我认为确实应该学习巴赫所有的作品，从'小曲子'到大型的前奏曲和赋格。只要有条件，我都会为学生布置巴赫。然而，同样的问题是，我们没有时间去研习那么多应当学习的巴赫曲目。因此，我只能说我尽力了。即便是教那些没有太多时间练琴的学生，我也会尽可能让他们弹一点巴赫二部创意曲。"

"一个新来的学生,如果是刚刚开始学琴,或是曾经学得很糟糕,那他当然得从手型开始学起。他要掌握拱形手型,保持指关节稳定坚挺,尤其是第一指节。我会让他们练习先在桌边摆手型,而不是在琴上。不将这些事情先做好,后续的一切弹奏都无从谈起。我常遇到一些自认为程度较好的学生,弹奏高难度曲目已经很多年了。当我向他们演示一些简单的东西时,他们常不以为意,认为那是小菜一碟,直到发现自己竟做不到。有时候,对于这类学生你是无能为力的,除非他们自愿沉下心来夯实基础,去掌握好最基础的手型。至于需要多久,取决于学生的领悟力和手的类型。有些学生的手天生就非常柔软无力,对于这样的学生,让他们的手变得坚挺就会更难一点。"

手指动作

"当学生已经掌握好拱形手型后,我们就可以训练学生手指尖的各种灵巧动作了,对于这一点,必须确保学生的第一指节已经稳定坚挺。当然，年龄小一点的学生必须学习掌关节抬指的活动，但我不提倡让手指抬得过高。随着学习的深入，第一指节会变得越发稳定和容易控制，那就没必要做太多的抬指动作了。对于速度的掌握，我也会要求学生让手指的动作尽可能少，力量是通过自然下垂的手臂的重量赋予手指而获得的；轻盈精致的声音是要通过力量转移来获得的，即一定程度的控制。"

"我在训练学生技术时不使用教学参考书，而是给出我自己总结的练习内容，或是从不同的作品中挑选出一些。一些特定的技术训练必须被放入每日的练习中，从学琴伊始便是。当它们的简易版被掌握后，其后的许多练习就只是变形和发展。放松手腕的练习，无论是八度、六度，还是其他形式的练习，都应成为每日练琴例行的一部分。音阶练习也是，我是坚定鼓励学生进行所有形式的音阶练习的老师。和弦也是技术练习的关键组成部分。你去看看，那些基础有问题的学生中有几个能弹出优质的和弦呢？他们或是将手从手腕处无力地按下去，弹出虚弱的音色，或是僵硬地抬高手腕和胳膊，弹出生硬的音色。无论哪种情况，都是没有用好手臂力量。这时常要花费些时间让他们理解双手自然承接手臂力量的方法。"

关于踏板的问题

"另一个容易被大家忽视的问题是踏板。很少有学生能真正理解踏板的使用技巧。他们似乎只知道唯一的一种使用延音踏板的方法，就是径直用力地踩下去，可能同时又重重地松掉踏板。我会为学生准备一些特别针对踏板使用的预备练习。以脚后跟为支点着地，脚掌前端踩在踏板上，让他们跟着节拍器练习每一拍踩一下踏板，等这个练习变得轻松后，就跟着节拍器每一拍踩两下踏板，以此类推。通过这个练习，踏板不会被完全踩到底，相反只是会比较轻盈地落下去一部分；这样的踏板震动能够给音乐带来一种持续的闪闪发光的效果，极为美妙。"讲到这里，艺术家以肖邦前奏曲为例做了令人信服的示范。"你需要保持脚踝的灵活以恰当地使用踏板；说实在的，脚踝应当像手腕一样放松才行。我还没发现谁会以同样的方式去教踏板，所以我想我可能是发现了这个新方法。"

"是的，我有许多社会上的学生；即使女孩们社交生活丰富，但仍会每天找时间练几小时的琴。近来，比起从前，富人们对音乐的态度越来越严肃了。他们感受到音乐带给他们鼓舞人心的、高贵的影响力。他们尊重老师，并努力尝试尽其所能做到出色。"

"当然，尽管基础的弹奏技巧无比重要，但相比节奏感的训练以及音乐诠释中美的处理的问题，基础技术就只是很小的一部分内容了。"

26. 尤金·赫夫利：
钢琴音乐的现代化趋势

Eugene Heffley

纽约麦克道威尔俱乐部的创始人和首任主席尤金·赫夫利先生是一位有着崇高理想和目标的钢琴家和教师。1900年，在麦克道威尔本人的建议下，赫夫利从匹兹堡来到纽约，他想要在这座大都市为自己赢得一席之地。事实证明，他的确是个十分真挚、热忱的教师，同时又是一位启发人心的音乐大师，他将许多年轻艺术家培养为成功的钢琴家和钢琴教育工作者。

　　赫夫利先生身怀对老一辈音乐大师的崇敬之情，同时积极追求进步，总是敏锐地挖掘到音乐艺术中的新理念、新人作曲家以及新方法。在麦克道威尔的音乐作品在美国几乎无人知晓时，他付出了很多努力让这些作品更广为人知，并去激发人们对这些作品的热情。他以同样旷达的精神向他的学生介绍了一些超现代派作品，以及德彪西、拉赫玛尼诺夫、弗洛朗·施米特（Florent Schmitt）、马克斯·雷格（Max Reger）、阿纳托利·利亚多夫（Anatoly Lyadov）、埃德·波尔蒂尼（Ede Poldini）和其他许多音乐大师的作品。

　　"我的学生喜欢学习这些新的作品，而且来我工作室听音乐会的观众也期待听到一些新颖的、很少听到的作品，我们不会让他们失望的。弗洛朗·施米特虽然有着德国人的姓氏，他的创作手法和风格却是十足的法国派，不过不是德彪西那样的风格。他写了一些很美的作品，其中一套短小的作品可被视为瑰宝。我对拉赫玛尼诺夫的评价很高，当然也使用他的前奏曲，不仅是被人熟知的C小调和G小调前奏曲，还有一套包含十三首前奏曲的第32号作品，它们极有吸引力。我会在教学中大量使用俄国钢琴作品。利亚多夫创作了一些很美的曲子；至于柴可夫斯基，尽管他的作品有时也会比较欢快，但还是相对萎靡。音乐似乎通过协和的和声和规律的节奏已经表达了许多东西，我们必须在不协和和声以及节奏多样性方面寻找音乐的进步空间。你看那些现代作曲家是如何利用节奏变化进行创作的，有时甚至一下子出现三四种不同的节奏。正是这种意想不到的事情，吸引我们走进音乐和文学艺术，以及其他许多事物的世界：我们不想知晓接下来会发生什么，我们喜欢惊喜的感觉。"

"在古典作品里面，我会尽可能使用较多的巴赫作品。我以前会给学生布置许多莫扎特的作品，现在可能会稍微少一些。后来，我更倾向于海顿，他的变奏曲和奏鸣曲都非常精妙，我的学生似乎也更喜欢海顿。我完全相信复调音乐作为一种心理训练的价值，这很有必要。巴赫是一位灯塔般的音乐伟人，是音乐艺术世界基石般的存在。巴赫是个基督徒，这种信仰的力量在他的所有作品中显现。我相信，如果没有宗教的影响，他的音乐也不会有如此强大的生命力。柴可夫斯基、柏辽兹，甚至莫扎特都没有。莫扎特的灵感全然来自对于纯粹美好的音乐的挖掘，从这个意义上说他是一个无神论者。我怀疑施特劳斯多半也是无神论者。人们无法预见未来的世界将如何评判今天创作的音乐：未来的人们会如何看待勋伯格？我暂时保留对其作品的所有观点，直到我有更多时间可以深入地了解它们。我只能说，我曾听过他的弦乐四重奏三次。第一次听，我从中感受到的更多是钦佩；第二次听，我被其中的某些部分深深感动；第三次听，我感觉这个作品中有我从未听过的最美妙的音乐，尤其是后半部分。"

"说到教授学生弹奏技术的问题，形成我自己的一套固定的教学法没有这么容易。因为每个学生就像一首独立的练习曲，与众不同。你们很清楚，我不是个'讲方法的人'：我认为所谓的钢琴方法几乎没什么用处。成为一个真正的钢琴教师确实是个很沉重的使命，因为钢琴教育工作者有很多，但真正的教师相比之下却很少。我是这样区分二者的：钢琴教育工作者掌握大量方法，很有学识，努力把自己的知识传授给学生；而真正的钢琴教师追求的是激发学生的内在潜能，发掘学生的天分，比如他喜欢做什么以及最擅长什么。教师一定是心理学家，一定要能够准确地判断学生的性情、品味和心智，以及知道如何因材施教。"

"当一个新学生来的时候，我必须对他的个人能力、掌握学科知识的大致程度、领悟的速度以及健康状况等进行心理评估。没有两个学生可以用相同的方式来教授。一个没有连续性、思路从不固定在任何方向的学生有别于有着相反心性和经历的学生。给第一个学生布置巴赫是毫无意义的，只会浪费学生的时间和耐心：他根本就不能理解巴赫的音乐，也对巴赫的作品代表着什么样的高度没有任何概念。这种课程只会让他讨厌音乐。然而对性格严谨、思虑周全的学生，你就可以选择很多巴赫的作品进行教学。"

"一个触键有问题、手型也未经完善训练的学生必须回过头进行正规的训练。首先把手放在指定位置上，无论是在琴键上还是在桌子上，然后练习抬手指的动作，与此同时，关注手部肌肉的状况。肌肉或手指的状态或坚挺，或松弛，或僵硬。我追求坚挺的状态——使手指反应敏捷，像一个优质的钢弹簧。"

"在学琴伊始帮助学生形成正确的抬手指的动作是绝对必要的，这将为学生未来手指的进一步开发，以及清晰的音色和弹奏的准确性奠定基础。当单根手指能够很好地做抬指的运动后，就可以把两根手指放在一起，去练习完美的连奏。在教学中我主要教授这三种方式的连奏：跑动型连奏、歌唱型连奏以及伴奏型连奏。学生必须在掌握其他连奏方式之前先掌握第一种连奏。我建议学生在做技术练习时进行分手练习，因为你应该知道我是很主张作品之外的纯技术训练的。"

"随着学生程度的加深，我们开始进行不同触键方式的和弦、音阶、琶音和八度练习。我会在很早的时候就给学生做所谓的复调训练——一只手尝试与另一只手使用不同的弹奏方式或者触键方法。这个方法可以很好地应用于多种触键方式的音阶和琶音练习：一只手用断奏的方法弹奏乐段或音阶，同时另一只手用连奏的方法弹奏，反之亦然。"

被问到在教授弹奏技术时是不是没有参考书，赫夫利先生回答道：

"不，我一般使用海因里希·格尔默（Heinrich Germer）编写的教程，因为该书涵盖了非常丰富的基础知识，紧凑，简明，内容完善。我有时还会使用爱德华·默特克（Eduard Mertke）的教程。每种练习形式我都会要求学生用所有调式进行练习，我认为这些书对所有类型的学生都有益处。再就是，可能相对来说，我会少使用一些练习曲。"

"如果学生一定程度上欠缺节奏感，我会让他们使用节拍器，但是不会大量使用，因为我希望学生建立自身内在的节奏感。"

"在背谱方面，我没有特别的建议，但是会劝告学生采用自己觉得最简单、最自然的方法。总的来说有三种不同的背谱方法：分析型记忆、摄影式记忆和肌肉记忆。分析型记忆是指将不同乐段分开，并通过分析掌握它们的构成，以及为什么是这样的构成的方法；摄影式记忆是指先于内心的思考，在大脑内直接生成乐谱全貌；而肌肉记忆是指感知和记忆手指运动的办法，这并不是十分可靠的方法，但一些学生习惯于这种背谱方法。当然，分析型背谱的方法是最佳的。当学生有足够的思考能力去分析音乐时，我会强烈推荐这种方法。"

"我在教学中极为重视的一点是音色，这也是音乐诠释的一个显著因素。这绝不仅仅是去做 *ff*、*mf*、*pp* 等力度的问题，而是远比这些更微妙的东西，我所追求的是声音的品质。有时，我与学生研究一个单音的音色就能花上几分钟的时间，直到他切实理解了自己怎样做才能弹出对的音色，并能够记住自己是如何做到的。当然踏板也为音色提供了极好的帮助，因为它是真正的'钢琴之魂'。"

"一些学生有想象力但却没有创造力，有的学生则反之。这两个词语意思并不相同。读诗有助于培养学生的审美意识，画画也可以，多接触大自然也对学生的审美有一定帮助。在为学生提供指导时，我必须要考虑到学生自身的性格气质。"

"诠释表达不是正量而是相对量。一个画画的人，调色板上如果调有大块的色料，那么他就会用大胆的笔触上色，而与此同时，许多画者更倾向于小而精致的画法。每个演奏者会从自己的性情的角度来理解作品的含义并对其进行诠释。我努力尝试通过阅读、艺术知识和对不同艺术学科的关联性理解来激发学生的想象力。"

"音乐诠释者的工作任务是最困难、费力而又影响深远的。一个演员日复一日地表演着同一个角色，一个画家会用几天甚至几周时间来创作一幅画，作曲家亦会全神贯注地将所有时间投入到一部作品中。然而，钢琴家必须在一场独奏会期间诠释各种不同的情绪：天真的、田园的、悲怆的、热情的，他要诠释出每种情绪的每一个不同状态。在我看来，这比任何其他门类的艺术工作者的任务都要重。钢琴家必须能够找到恰当的情绪去诠释早期古典作曲家如海顿、莫扎特的质朴纯真，诠释巴赫的庄严肃穆和贝多芬的英雄主义，诠释肖邦的病态优雅、舒曼的浪漫主义以及李斯特的雄伟壮阔。"

"在为学生选择作品方面，我会努力避免给学生布置那些被大家弹烂了的、被所有人熟知的作品。许多教师在为学生选作品时所犯的错误是给学生布置太难的作品。我为什么要给学生布置一个他半年都攻克不了的作品，使他到最后对作品感到厌恶呢？他既然可以在音乐会中常常听到肖邦谐谑曲 Op.31 或者那些李斯特狂想曲，在各种音乐会中学习到许多人们熟知的大作品，为什么他不学习一些不那么被人熟知的、不常出现在音乐会曲目单上的作品呢？"

"这就体现了思想开阔的教师最大的机遇——为学生找到个人的独特性。随着他个人演奏的独特性越来越强，他的演奏也会逐渐获得更多的关注。"

27. 热尔梅娜·施尼策尔：
钢琴学习中的现代方法

Germaine Schnitzer

有一天，当我们讨论钢琴弹奏的相关问题时，法国钢琴家热尔梅娜·施尼策尔对我说："很难定义'技术'这个综合性的概念，因为其涵盖甚为广泛。没有一种特殊的技术类型或方法可以真的适用于所有的演奏者，因为每个人的方法都是不同的；每只手都是独一无二、与众不同的。不仅每个演奏者是独特的，而且他的右手也会与左手有所不同，因此每只手都需要有不同的对策。"

　　"只有勤思好学，并愿意付出辛苦的钢琴弹奏者才能获得具有艺术性的技巧水平。如果只是练习，无论多勤奋也不够。技术源于思考，源于聆听伟大的作品以及优秀的演奏者，源于仔细挖掘演奏者努力想要达到的音乐效果。一些人常说钢琴家无法很容易地判断自己弹奏时所产生的音响效果，因为我们离乐器太近了。对我来说，情况并非如此。我有着很敏锐的聆听的能力和习惯，我确切地知道每个音的力度、每个光影对比的效果，因此我不必像画家一样习惯性地站远一点。即便我可以这样做，对我来说也没有什么必要，因为我在钢琴前就完全可以有效地审视自己所弹奏的声音。"

　　"我几乎不记得自己是什么时候掌握了弹奏技巧，但绝对不是从一开始就有的。学琴伊始，我跟随一位非常随和的女老师上过一些课。我家住在距离巴黎不远的郊区，我姐姐那时跟随拉乌尔·普格诺学习，她是个好学生，练琴也很勤奋。她说她要带我去见她的老师，有一天她真的这么做了。我当时是个七岁左右的小孩，身材非常瘦小，小到那个高大的男人几乎看不到我。我坐在凳子上，腿太短，够不到地面，只能把脚放在那个我经常随身携带的辅助踏板上，我很勇敢地弹奏了一些巴赫二部创意曲。当我弹完后，普格诺饶有兴趣地看着我。他说他会教我，并让我再练一些二部创意曲、一些车尔尼练习曲以及门德尔松第 22 号随想曲，四个星期后再来找他。不用说，当我上第二次课时，我几乎将这些作品的每一个音符都背下了。很快我就被告知每两星期上一次课，接着是一星期一次，最后他每星期给我上两次课。"

"学习音乐的前五年里，我只学习钢琴。我几乎弹了所有的钢琴奏鸣曲和钢琴协奏曲，随着一次又一次的钢琴课，我逐渐掌握了许多大型作品。当我大概十二岁时，我开始认识到我想要走钢琴专业道路，于是我开始了大量的练习。我的老师对我的进步和钢琴事业越来越关心。他竭力向我解释音乐的意义——作曲家的想法。

许多上流社会人士都跟随普格诺学习，因为跟他学习已经成为一种时尚。但是，他称我为他的关门弟子，说只有我能理解他。我真的可以说，他是我的音乐之父，我的一切都归功于他。我们在巴黎的一个郊区成为邻居，因为我父母的房子和他的房子挨着。我们经常见到他，几乎每天都能抽一些时间一起探讨音乐。当他在美国和其他国家巡演时，他常常写信给我。我可以给你看一下他的信，因为我保存了很多，这些信饱含美丽而崇高的思想，言语高贵而富有诗意。这些也能证明普格诺拥有多么优雅而高尚的灵魂，是一位真正伟大的艺术家。"

"我跟随普格诺学习了十年。在跟随他学习的最后阶段，他希望我去弹给埃米尔·冯·绍尔（Emil von Sauer）听。绍尔对我的演奏很满意，并很热情地传授给我许多要点。从他那里我学到了他的老师尼古拉·鲁宾斯坦（Nikolai Rubinstein）主张的触键方法。我通过三个月的时间掌握了这些原则，或者可以说是两次课的时间。"

"据尼古拉·鲁宾斯坦所述，触键不应当是用高抬指击键的方法，也不应当是用手指的最末端。与琴键充分接触的部位其实应该是指尖靠后的部分与指肚之间的位置。此外，不能仅仅追求简单的连奏触键。老式教科书告诉我们，必须先学连奏，这是最难掌握的触键方法。但是连奏在快速跑动的乐段中不会产生最好的效果，因为这样的连奏清晰度不够。在现代的观点中，我们需要的可能是更清晰、更有活力以及更鲜明的声音。所以在这种情况下可以采用半断奏的触键方法。音与音之间有一个很短的间隔，跑动起来呈现出更轻盈、活泼和明亮的音质，如珍珠一般。然后，我也会使用力量触键的办法，按压并抚摸琴键，感受琴键按下去时的音色。首先得去思考我想要什么样的音色，然后在脑海中构建想要的音色，最终手指更容易找到那个感觉。要以这种方式触摸琴键，不断去探索触键时的音色，这样即使遇到一架看上去已经不堪重用了的琴，我也能让其发出美妙的音色。"

与全身共振的琴声

"力量触键当然也是必须要掌握的。我不仅用我的胳膊和肩膀，甚至用我的全身感受这个触键的感觉，并随着琴声共振。当然，许多方法都是我在自己的练习中探索发现的：它们不是从任何特定的书籍、成套的练习或钢琴方法中得到的。我前面也提到了，通过那些学习方法，我已经形成了一套属于自己的方法。"

背谱

"在背谱方面，我没有什么固定的方法。学习一首新作品的时候我也不知道该怎么做。但是经过一段时间对作品的深入研究和反复聆听，我就完全掌握了它。莱谢蒂茨基建议他的学生每次学习一小部分，即两到四个小节的长度，进行分手练习，然后远离钢琴练习。其他一些钢琴家告诉我，他们必须进行特别的背谱练习。这种方法不适合我，也不是我的方法。当我认真仔细地学完一首曲子时，我就记住了它的每一个音符。当我与管弦乐队合作协奏曲时，我不仅十分完整地掌控钢琴的部分，还知道其他任何一个乐器演奏的内容。当然，我在演出期间只会专心地听我钢琴演奏的部分以及整个管弦乐队的伴奏效果，如果我去想其他的东西就会走神。绝对的专注可以战胜一切困难。"

抽象技术练习

"就是否需要在作品外单独练习技巧而言，我认为一旦掌握了基础的技术方法后就不需要每日再做单独的技术训练了。至少，我不需要这么做了。但是，我会把所有作品中难掌握的乐段拿出来，把它们做成各种变形的技术练习。在音乐会巡演期间，我几乎不需要看附在我音乐会曲目单上的打印出来的乐谱，我一定会随身带着它们，但很少从箱子里拿出来。我更多做的是在头脑中思考和练习这些曲子，为此我必须安静地独处。因此，每天实际在钢琴上练上一个小时就足够准备音乐会了。"

"不要认为我没有很努力地练琴。平日里，我每天的练习时间都不会少于六个小时，如果哪一天我没有达到这个时长，我就会尽早补上。夏季的几个月，正是我为下一个音乐季准备新曲目的时间段，我会非常努力地练琴。正如我所说的，我会把作品中一些难度较大的乐

284

段拿出来，仔细地学习每个细节，把棘手的部分做成各种技术练习去解决，有时会用四五十种不同的方法去练习。以舒曼的《狂欢节》中的一个乐段'相认'（Reconnaissance）为例，这样的曲子就极需要练习。我会花三个完整的工作日去攻克它，我所谓的完整的工作日是指每天上午九点到十二点，以及下午一点到五点。当那几天的练习结束时，我就完美地掌握了它，也为之感到满足。从那天起到直到现在，我弹到那一个乐段时再也没有感到困扰过，因为我已经充分地将它掌握了。公开演奏时，我弹奏那首曲子或其他任何曲子时都从未发生过意外。在我看来，钢琴家比任何其他艺术家的工作都更艰难。歌唱家在歌唱时就只有单一的一个声部，小提琴手或大提琴手也只有一只手的声部而已。那些喜欢追求在脱谱的情况下进行指挥的乐团指挥家，虽然可能偶尔会经历一次记忆失误，可他还是可以不间断地完成指挥。然而，钢琴演奏者每只手都同时弹着好多个音，每个音符必须深深地刻在记忆里，因为他们承受不起任何背谱上的失误。"

"如果音乐家在伦敦、巴黎或纽约这样的城市演奏，可能每场演奏会的选曲方向都会比较相似。他们的选曲在风格上不会太沉重。如果是在马德里或维也纳这些地方演奏，那么在选曲上可能就会更明快一些。而在柏林，演奏家则会选择一些严肃、庄严的作品。在那里，我会弹比较多的巴赫、贝多芬以及勃拉姆斯的作品。在柏林举办音乐会并获得成功是对音乐家的一项严峻的考验。"

"我在美国做过几次巡演，在这里古典乐的发展有着了不起的优势：优秀的教师，极强的管弦乐团，专业的歌剧以及热情的观众！评论家也是既见多识广又公正有度。所有这些给外国音乐家留下了深刻的印象——这里的人们热爱古典乐，了解音乐，对音乐有热情。在美国，一个有价值的艺术家可以比在世界上任何其他地方更快、更容易地被社会认可，取得成功。"

"一方面，这是一个海岸线很长的大国，所以比欧洲更适合音乐职业发展。另一方面，我个人认为这里有世界上最厉害的管弦乐团，因为我曾与各个不同国家的管弦乐队一起演奏过。我还认为这里有比其他地方更热情的观众。"

"在欧洲发展音乐事业几乎没有什么优势。人们经常就在欧洲谋求发展询问我的建议，我会试图劝阻他们。欧洲对我而言就像狮子的巢穴，如果那些可能会落入巢穴的人没有准备好面对自己即将面临的境况或者不知道未来会发生什么，我会向他们喊'当心'。当然，也有惊人的成功案例，但那都是相对于一般情况的例外。"

"一些古典乐迷会选择去欧洲寻找更好的音乐氛围。但我会告诉他们可以在任何地方营造自己的音乐氛围。我一辈子都生活在音乐圈，但我可以说我在美国找到了真正的音乐氛围。我会听波士顿交响乐团或者科奈塞尔四重奏（Kneisel Quartet），当他们演奏着那些无与伦比的作品时，我完全沉浸在音乐中，我当时难道不是处在好的音乐氛围中吗？或者，如果说我在大都会歌剧院听过的瓦格纳歌剧比在德国拜罗伊特的都还要好，我难道没有处在音乐的氛围中吗？可以肯定的是，如果我在拜罗伊特，我可能会有许多机会看一些瓦格纳的回忆录；如果我在维也纳，我可以有机会去参观贝多芬和舒伯特的坟墓。但这些音乐大环境本身并没有营造出音乐氛围。"

28. 奥西普·加布里洛维奇：
特性化触键

Ossip Gabrilowitsch

俄罗斯钢琴家兼作曲家阿图尔·霍克曼曾就现在一些钢琴家在公开演奏中所弹奏出的音色和各种不同的音响效果发表评论：

"对我来说，在这个方面，有一个钢琴家在所有钢琴家之上，他的名字是加布里洛维奇。"

这位杰出的音乐家从他的乐器中所汲取出的音色令人难忘。有一天早上，当他友好地给了我们一个安静谈话的机会时，我便问他是如何获得如此美的歌唱性音色的。

"美的音色？啊，这很难用一个小时或几个小时来说明。这首先是比较实验性和个性化的问题，然后又是关于个人经验和记忆的问题。这个过程就是，我们聆听音乐，然后去制造音乐，修饰它，直到它能表达出我们的内心所想。要试图记住我们是如何做到这一点的。"

"我不能说我弹奏出的音色总是美的，我尝试制造特性化音色，但有时它可能并不美：很多时候它可能是除了美以外的任何一种不同特性的音色。我不认为在音色制造的过程中有任何固定的规则或方法，因为每个人和每双手的情况都不尽相同。对一个人适用的方法可能对另一个人毫无用处。一些演奏者可能觉得自己使用较高的手腕弹琴更容易，而另一些演奏者则认为使用较低的手腕弹琴更容易。有些人习惯于在弹奏时保持手指弯曲，而有些人可能习惯于让手指伸开。当然，还是有一些基本原则的，一是手臂和手腕必须是放松的。手指也必须经常保持放松的状态，但第一关节必须始终保持坚挺。我会建议弹奏者选择个人觉得最舒适、最便利的手型。事实上，只要是为了合理的音乐效果，怎样的手型都是可以使用的，只要不是过于收紧或僵硬的情况即可。我认为手腕无论高或低都是可以的，只要弹奏出的声音音色好就可以。如我所说，第一关节必须保持坚挺，永远不要被那些力度较重的和弦压垮，尤其是对于年纪较小的弹奏者来说，他们的小手会更容易出现纤弱无力的情况。"

奥西普·加布里洛维奇

奥西普·加布里洛维奇与妻子
克拉拉·克莱门斯（马克·吐温之女）

技术练习

　　"是的，我是绝对赞成在音乐作品之外做单独的技巧练习的。其中必须包括音阶和琶音练习，在做这些练习的时候可以使用节拍器。但我主张即使在技巧练习中也要去寻求音乐性学习的价值。如果是弹奏音阶，就应该有优美的音色和力度变化；如果是弹奏车尔尼练习曲，就应该尽可能仔细地弹奏每一处细节并像弹奏贝多

293

芬奏鸣曲那样有力地结束。要将练习曲中所有的音乐性都表现出来。不要说'我把这个小节弹 16 遍，然后我就掌握了它'。不要以机械式的目的做任何事情，一切都要从音乐的角度出发。是的，我会让学生弹一些车尔尼练习曲，但不会布置太多。我更喜欢肖邦和鲁宾斯坦。鲁宾斯坦有一套含有六首练习曲的作品我经常使用，包括断奏练习曲。"

"在技术练习内容和材料方面，每个弹琴的人所需要的也会有所不同。我在威廉·梅森博士的著作《触键与技术》（*Touch and Technic*）中发现了许多有帮助的内容。我常常会使用这本书。据我所知，他是第一个阐明力量触键理论的人，现今在这里和欧洲，人们都普遍接受这个理论。"

"据说，古代著名哲学家塞内卡（Seneca）曾说过，当一个人年满二十五岁时，他应该有足够的知识成为他自己的大夫了，否则他就是个傻瓜。可以把这个想法用到钢琴家身上。在学习了多年钢琴之后，他应该能够发现什么样的技术练习对自己最为有益。如果他做不到这一点，他一定是个傻瓜。为什么他总是要依赖别人编写的技术练习呢？技术训练教材和技术训练的内容是多得没有尽头的。这类著作很多，它们通常是根据作者自己的练习体悟所编写的。这并不一定意味着它们会适合别人的手。我鼓励我的学生发明自己的技术练习。他们经常这样做，并取得了相当大的成功，他们还发现用自己的练习比用其他人的练习收获了更多的满足感。"

"钢琴演奏最重要的两个原则是：饱满、圆润、精确的音色；显著的断句。最常见的错误是模糊不清——连线之间没有明确的呼吸，或者漏音。钢琴演奏的清晰性是绝对必要的。如果一个演员尝试哈姆雷特的角色，他必须能够清晰地表达台词，并让别人清楚地理解自己所说的话，否则他所有的练习和角色扮演都是徒劳的。钢琴家同样必须使自己弹奏的音乐能够被人清晰地理解，因此他的演奏必须清晰明确。"

速度

"速度对于一些演奏者来说是很难掌握的。但我发现现在有一种普遍的趋势，就是弹奏速度太快，不顾一切地将曲子弹完，而没有花充裕的时间让曲子听上去清晰明了。当曲子的声音和乐句处理都十分明确清晰时，它听起来就不会像实际上那么快，因为音乐的每一个部分都是相互呼应的。举个例子，我之前在巴黎曾演奏过几次我自己的一首加沃特舞曲。有一位女士，是位水平不错的钢琴爱好者，她拿到那首曲子后将它学会了，然后找到了我，想让我帮她听一下。她坐在钢琴前，快速地弹完了这首曲子，曲子扭曲得我几乎认不出来。当她完成后，我对此表示异议，但她说她向我保证，她的速度跟我的完全一样，因为她听我演奏过这个作品三次了。我很清楚自己的速度，并给她演示了。虽然我的演奏速度与她的演奏速度并没有太大的区别，但我的演奏听起来会慢许多，因为所有的声音和乐句处理都十分清楚，所有的声部间都有着完美的平衡。"

力量

"如何获得力量？力量不取决于手或手臂的大小，因为体型相对小的人也可以有足够的力量弹出必要的音乐效果。弹琴的力量源于感知到的作用力，当然这需要手臂和手腕保持放松的状态。手指必须训练有素，要能足够强壮，使手臂和手的重量压下来的时候，指尖仍能够稳定站立，而不是塌陷下去。我再说一遍，在任何情况下，第一关节都必须保持坚挺稳定的状态。大家很容易忘记这一点，我们必须时刻关注它以确保无误。"

背谱

"在背谱方面，我没有特别的规则或方法。背谱对于我而言似乎是自然而然的。有些作品比较容易记住，而像巴赫的赋格那样的作品则需要大量的练习和极为细致的音乐分析。对于一首比较难的作品来说，最可靠的背谱方法就是凭记忆把乐谱写出来。这样做有很多好处。如果你想记住一个人或一个地方的名字，你就应该把它写下来。当眼睛切实地看到它时，大脑会留下更生动的印象。这是视觉记忆。当我与管弦乐队合作协奏曲时，我一定要知道管弦乐队部分所演奏的每一个音符，当然还有我自己独奏的部分。凭记忆写出总谱肯定比写钢琴独奏的部分要难太多，但它是最可靠的方法，可以将曲子牢牢印在脑海中。我发现，我年轻的时候学的曲子永远不会忘记，它们总是在我记忆深处，而后来学的曲子必须不断温习。这无疑是所有人都会有的情况，因为人年轻时的记忆总是最持久的。"

"一个管弦乐团的指挥应该非常透彻地熟记他所指挥的作品，甚至不用乐谱都可以胜任他的工作。过去的几年里，我也做了大量的指挥工作。上个音乐季我参与了一系列经典作品音乐会，追溯钢琴协奏曲从莫扎特时期到今天的发展历程。我共计演奏了十九部作品，最后以拉赫玛尼诺夫的协奏曲结束。"

加布里洛维奇先生几乎已经完全放弃了教学，他把所有的时间都投入到独奏音乐会和协奏曲音乐会，以及指挥和作曲上。

29. 汉斯·冯·彪罗：
作为钢琴教师和钢琴演奏家

Hans von Bülow

那些有幸听到 1876 年汉斯·冯·彪罗美国巡演的观众，一定学到了很多并为之折服。几年前，1872 年，鲁宾斯坦也曾来到美国巡演并大获成功。他奔放华丽的精湛技艺，气势磅礴的渐强和低声细语般的渐弱，他的各种美妙的音色变幻充满着启发性。他的个人魅力所向披靡，观众都为他的演奏所倾倒。

冯·彪罗是一个卓尔不群的演奏家。他有着清晰的触键，有着精准到秋毫的控制，甚至连批评家都觉得他是冷静而清醒的。他是一个深刻的思想家和分析者，当他演奏时，乐谱上的每一个音符、乐句和力度标记都如同镜像一般清晰。人们从鲁宾斯坦的音乐会中可以感受到控制、敬畏、启发、鼓舞，但可能之后会有一种不想打开钢琴或触碰琴键的感觉，因为同样的乐器曾在鲁宾斯坦的双手中迸发出如此耀眼的火花。相反，人们在听到冯·彪罗的演奏后，会有一种想要赶紧回去练琴的冲动，并想复刻他那些清晰又充满逻辑性、简单又可实现的音乐处理。看他弹琴会感觉好像弹钢琴没那么难！正如他所说的："如果愿意付出与我同样多的时间和精细程度去学习这些作品，任何人都可以达到我所做到的高度。照我说的试试看吧！"

冯·彪罗是贝多芬钢琴作品的资深专家，他编辑的贝多芬奏鸣曲因其深奥的音乐理解，以及对每一个微小的音乐细节的清晰度和准确性的把控而闻名。在美国巡演期间，为使这个版本能够更广为人知并被大众理解，他为这些乐谱做了很多推广工作。当然他也不忘推荐他编辑的肖邦乐谱，尽管他对这位伟大的波兰作曲家的音乐诠释可能缺乏触键或者音色上的美感，但他的音乐诠释总是合理的、理智的又极为精妙的。

十九世纪八十年代间，在柏林，有一回在音乐季即将结束之际，人们宣布了冯·彪罗将来到柏林，在克林德沃特音乐学院（Klindworth Conservatory）开设一堂音乐演奏课程。这是向一位如此著名的音乐家和钢琴教育家学习的大好机会，大约有二十名钢琴家报名参加了课程，其中有几名钢琴家是跟随他从当时他居住的城市法兰克福（Frankfort）赶来的。

钢琴家、教育家、评论家，同样也是肖邦和贝多芬的乐谱编辑的卡尔·克林德沃特当时正是这所音乐学院的院长。他们两人是亲密的朋友，尽管冯·彪罗自己也编辑过许多贝多芬的奏鸣曲，但他仍愿意向人们推荐克林德沃特的版本。另一个确切消息是，他准备辞掉法兰克福的工作来柏林，让他的名字和声望给音乐之都最年轻的音乐机构——克林德沃特音乐学院带来更好的发展。

五月里一个阳光明媚的早晨，当院长带着他邀请的客人一起走进音乐教室，并把他介绍给全班同学时，人们看到一个身高中等偏下的男人，有着充满智慧的大脑袋，额头宽大饱满，眼镜下面的黑眼珠闪烁着敏锐的光芒。

他向全班鞠躬，说他很高兴看到这么多用心的学生。他环顾房间的动作快速而警觉，似乎一下子就能看到一切，学生也明白了，没有什么能逃过他的慧眼。

这个班级每周上四天课，课程从早上九点一直持续到下午一点。他们已经通知了这堂课上只教授和演奏勃拉姆斯、约阿希姆·拉夫（Joachim Raff）、门德尔松和李斯特的作品，因此不需要带其他作品到课堂上来。勃拉姆斯的确该有如此显赫的地位。

虽然他们讨论和演奏了许多有趣的作品，但是跟随这位伟大的钢琴教育家学习到的最有帮助的事情，大概就是关于弹奏技术、音乐诠释、作品和作曲家的源源不断的见解和建议。冯·彪罗语速很快且精神高度紧绷，他混用德语和英语，考虑到在场的美国和英国音乐家，他总是先讲德语而后再翻译成英语给大家。

在教学方面，冯·彪罗的要求与他自己的演奏一样，一切都要清晰明确。清晰的触键、精准的乐句处理和正确的指法是第一要求；作品的诠释一定要基于作曲家本身的创作想法——任何不基于创作本身的自由发挥都是不被允许的。他对待那些伟大的音乐作品的态度是如此诚实、端正，虽然他主张在学习作品时可以添加一些乐句标记或者音乐表达标记以帮助阐明作曲家的意图，但在他看来，对乐谱中原本的创作意志做任何改变都是一种罪过。他在教学中所讲授和演示的一切都展现了极高的艺术造诣，他也在一些学生中寻找对音乐有着同样领悟力的人。在课上，如果这些音乐家学员不能即刻理解他试图传达的想法，就会惹恼这位敏感又精神紧绷的小个子博士，他会变得不耐烦、刻薄，并开始用急切的步伐来回踱步。当他处于这种状态时，他几乎无法看到演奏者的演奏有什么价值，因为一个小错误会被放大而使一切优点变得微不足道。当狮子开始咆哮时，演奏者有必要小心谨慎且态度谦恭。其他的时候，当课上气氛不错时，一切都是平稳进行的。他自己在钢琴技术上没有太大的困扰，他当然期待来找他学习的学生已经掌握了较好的技术水平，他最关心的是学生能否将作品的创作内容和音乐诠释都清晰地表达出来。在钢琴课中，他经常为学生演奏一些独立的乐句和乐段，但不会演奏整首作品。

这位古怪的音乐家最卓越非凡的特点之一是他有着惊人的记忆力。你提到的每一部钢琴作品他几乎都知道，并能凭记忆背谱弹奏出来。他经常重复一个观点，即任何弹钢琴的人都不能被视为艺术家，除非他或她可以凭记忆弹奏至少两百部作品。对于他本人来说，他满足了这样的要求，不仅独奏作品曲目量丰富，就连协奏曲作品也很充足。作为德国著名的迈宁根管弦乐团（Meiningen Orchestra）的指挥，他指挥演出的每一部作品都没有使用乐谱，这在那个时期被视为一项伟大的成就。他是一个坚持不懈的人，他在音乐界的杰出地位更多归功于不懈的努力，而不是他的天赋。

下面是从他在柏林的课堂上提出的许多见解中精选的内容。

"用正确的方法弹琴是钢琴学习的第一个要求，将音乐弹得优美动人是第二个要求。健康的触键方式是很重要的。有些人弹钢琴，好像手指有偏头痛，手腕得了风湿病。不要用手指头的左右两侧弹奏，也不要用手指向侧面划动，因为那样的触键方式会导致声音虚弱，又无法保证触键的准确性。"

"钢琴弹奏首先要做到清晰的表达，每个乐句、每个小节、每个音符的触键、音色、内容和情感表达都要经过细细推敲才行。"

"你的第一个听众总是你自己，做自己的音乐评论者是最困难的。"

"当音乐中一个新的主题进来时，你必须要做得足够明显，让听众能够清楚地听到。每一次主题、动机出现时，都要极其明显地表达出来。"

"钢琴弹奏的水准并不取决于速度，而取决于清晰度。不清晰的演奏不能迸发出音乐火花，也不能使音乐闪闪发光。在跑动乐段中要尽可能使用比较强壮的手指，情况允许的话要尽可能少用四指。想要将音阶弹奏得富有音乐性和力量，就不能速度太快，每一个音都必须是圆润饱满的，不要使用过多的连奏，准确地说应该使用半连奏，这样双手同时弹下去的音才能听上去像整齐的八度。节奏中最困难的，便是三对二这一类左右手不对齐的节奏型。不过，训练音阶时恰恰可以进行这种一只手三个音、另一只手两个音的不对齐节奏型的练习。"

"必须要确保弹奏出的声音是美的，确实，在某种程度上人人都想要弹出这样的音乐。一个乐段看似不和谐，通过巧妙地发现其中隐藏的创作规律，并将它在最完善的音乐理解下诠释出来，那么这个乐段也会很动听。对于不和谐的和弦也是，尽管和声会刺耳，可我们还是应该找到那个听上去舒服的音色。可以想想管弦乐团里各种不同的乐器和它们截然不同的音色，试着在钢琴上模仿它们。可以试着想象钢琴上的每一个八度都有不同的音色，并在弹奏中将音乐的色彩明暗表现出来。"

冯·彪罗心中的最重要的三位大师是巴赫、贝多芬和勃拉姆斯，还有第四位的话，那肯定是李斯特。柏林课程第一天的曲目主要就是这位匈牙利钢琴大师的作品，有《在泉边》（*Au bord d'une Source*）、谐谑曲和进行曲，还有叙事曲。他建议弹奏谐谑曲的那位演奏者用更轻盈、灵活的手腕去做一些八度练习，并为他推荐了西奥多·库拉克（Theodor Kullak）的八度训练，尤其是其中的第三卷。第三卷以外的其他部分可以选择从头到尾过一遍，练习觉得困难的部分，忽略那些觉得容易的练习。在叙事曲中，第一个学生的演奏更受欢迎，第二个学生的演奏更精细、真挚，但是两者的演奏都没有什么地方让人觉得是在制造噪音。

《巡礼之年》（*Annees de Pelerinage*）在课程中备受大家关注。钢琴家们演奏的曲目主要有《钟》（*La Campanella*）、《追雪》（*Chasse Neige*）、《牧歌》（*Eclogue*）、《日内瓦的钟声》（*Les cloches de Genève*）、《英雄》（*Eroica*）、《鬼火》（*Feux Follts*）、《玛捷帕》（*Mazeppa*）。除此之外，还有E大调波兰舞曲、《森林的呼啸》（*Waldesrauschen*）、《侏儒》（*Gnomenreigen*）、玛祖卡、即兴圆舞曲以及第一首练习曲。就最后一首作品而言，冯·彪罗说："你们都可以弹奏这首曲子，这首曲子创作完成已有三十年的时间了，直到现在人们才发现它有多棒。李斯特的许多作品都是如此。我想知道怎么会有人认为它们不富有音乐性呢。然而，面对一些人弹奏李斯特时的那种方式，听众也不得不发出这样的感慨：'李斯特肯定只是个技术鬼才，才会创作出这种毫无音乐性的作品！'"

"在弹奏中，任何的精确性都极为重要，"他一直这么说，"必须让钢琴说话。就像我们在说话时会用嘴唇的不同运动来说出每个单词，在弹奏一些特定类型的旋律时，弹完每一个音之后我们也会将手抬起来。再就是，如果不能非常仔细地使用踏板，我们也不能使钢琴清晰地说话。"

李斯特的玛祖卡被认为是他的小型作品中最明快的一类作品。《森林的呼啸》很迷人，曾在很多音乐会上被演奏。"开始时的音型稍微强调一点，稍微慢一点，然后回到正常速度，并弱下来。所有轻柔的音乐在练习时都要使用强音。"

在拉夫的作品中，第91号组曲占据了最重要的位置。其中的每首作品都时刻受到学生们的关注，美国钢琴家埃塞尔伯特·内文（Ethelbert Nevin）演奏了第二首曲子"吉格"。《变形》（*Metamorphosen*）以及第116号作品圆舞-随想曲也被演奏，弹圆舞-随想曲的这位钢琴家相当擅长这种左手断奏、右手连奏的表达形式。接下来是第74号作品中的谐谑曲，以及第71号组曲中的波尔卡。冯·彪罗描述了曲子中间部分左手的一处音型：仿佛舞者在地板上意外滑倒。他建议演奏者着重强调这一部分。他在钢琴上将这一段做了示范，随即说："我们必须呈现出这种诙谐的样子。"

"在拉夫的早期作品中，从创作风格上来讲，他是门德尔松的学生这个事实显露无疑，他在二十世纪即将面世的一些交响乐创作必然会赢得许多人的喜爱，比方说'海洋'交响乐等，当然我还不能透露太多。"

在门德尔松的作品中，有人演奏了第 5 号作品随想曲和第 22 号作品辉煌随想曲，还有 E 大调前奏曲和赋格。冯·彪罗对门德尔松的作品被忽视深感遗憾，他谈到了其很多优秀的钢琴作品。"门德尔松的钢琴音乐不应该是多愁善感的，"他说，"他的音符为他说明一切。"

"在他的每首声乐作品或器乐作品中都特别值得注意的一点是，它们永远会回到开始时的主题，我总感觉这很有意思。这个 E 大调赋格的开始部分仿佛最温柔的管风琴的声音。"

把勃拉姆斯的话题推迟，是因为它可以作为一个大的整体来谈论。对他的音乐的讨论被当作课程的第二个版块并持续了几节课。冯·彪罗是这位来自汉堡的音乐大师的密友，在柏林期间一直与他保持着联系。一天早上，他喜洋洋地走进了教室，举着一沓贝多芬的乐谱手稿，这些手稿正是勃拉姆斯发现的，然后将它们转送给了冯·彪罗。似乎没有什么能比收到这件遗物让冯·彪罗更快乐的了。

　　课堂上谈到的第一部勃拉姆斯的作品便是他的《亨德尔主题变奏曲》。冯·彪罗非常认可勃拉姆斯的这一伟大作品，并清楚地讲解了作品中的许多个乐段。他对乐句的断句总是非常地准确，"一口气唱不完的句子也不能用一口气来演奏"。他说："许多作曲家对于音乐表达和诠释有着自己独特的术语标记风格：勃拉姆斯在这点上总是非常精准，然后就是门德尔松了。贝多芬在术语标记方面一点也不仔细，舒曼也是极其粗略的。勃拉姆斯、贝多芬和瓦格纳都有属于自己的独特的术语标记办法。比方说，勃拉姆斯经常使用'*sostenuto*'一词，而许多其他作曲家则会使用'*ritardando*'。"

　　谈到作品第 76 号《八首钢琴小品》时，冯·彪罗说："第一首随想曲不能弹得太快。第一页只是前奏，故事从第二页才正式开始。这首作品的旋律是多么美妙，如此新颖却又如此有迹可循。你们可以试着把它和巴赫的吉格作个比较。记住，行板并不意味着拖沓，它意味着前进。"他又对演奏了第五首随想曲的演奏者讲道："你把它弹得就像斯蒂芬·海勒的塔兰泰拉舞曲。对于那种激动不安的情绪，你必须要仔细设计它的走向，规律的表达方式根本无法满足这样的情绪。我们不想要那种盲目的激动，而是想要清楚的情绪走向。如果一个渐弱标记有几个小节的长度，那么你应当仔细地划分强、中强、中弱、很弱等不同力度分区。没事可以去动物园逛逛，在那里你可以从袋鼠身上得到许多关于连音和断奏的灵感。"

剩下的这几节课，冯·彪罗讲了勃拉姆斯的几首叙事曲，对其诗意内容的探究往往给大家带来启发。其中详细讲解了以苏格兰诗歌为文学背景的、情感基调阴郁的第10号作品中的第一首小曲《爱德华叙事曲》（*Edward Ballade*）。这首叙事曲的开场是悲伤的、不详的和神秘的，像古老的苏格兰故事。大师强调对这个部分的演奏应当是极其平稳安静的——这些和弦听起来应该像是压抑悸动的心跳。第二页掀起了一个强烈的高潮，随之在第三页消失，而后转入了力度极弱的深度绝望之中。从这一页的中间部分直到结尾，下行的和弦和八度音被比作幽灵般的脚步声，而左手伴奏中不完整的三连音节奏型好似血滴的声音。

第三首叙事曲也得到了冯·彪罗的讲解。虽然没有特定的标题或诗词背景，但这首曲子仍是一首生动的音画作品。从低音那决定性的五度开始，马上进入了前两页一阵忧郁、一阵激动的音乐片段，一直到第二页的结尾，一个下行的乐段后，勃拉姆斯以三个极度绝望的和弦透露着地牢的气氛。演奏者匆匆翻开了新的一页。"停下！"老师兴奋地喊道，他匆匆地从大厅的尽头踱步到前面，"等等！我们在监狱里了，但现在有一缕阳光穿透了黑暗。你必须在这里停顿一下，让这个对比更深刻。这首小曲子里的音乐元素比一些现代作曲家的交响乐还多。"

作品第 79 号中的两首狂想曲都有学员演奏。他说，第二首的某些部分和瓦格纳的歌剧《众神的黄昏》（*Götterdämmerung*）一样充满激情。两者都是有趣的好作品。

演奏者一次又一次地被忠告："要让音乐里的所有部分变得好听。有些音程，例如四度音程，本身是有些刺耳的，因此弹奏时要使它们尽可能地温和。一个人的弹奏可能表面上准确了，但却不好听！有的断奏应该像甩袖子一样去弹。"

"当第一次聆听一部伟大的作品时，人们往往因为太关注作品本身，而只能从中得到少量的愉悦感。第二次聆听就容易多了，到第十二次时，人们就可以尽情地享受演奏了。钢琴家在演奏时必须考虑到观众可能是第一次听到这首作品，要努力将音乐清晰易懂地传达给观众。"

"弹一组五个音符的跑动时，可以练习先弹两个，再弹三个，并在这个过程中细细聆听这些音的音色，这种练习会让音乐更细腻。请记住，不去花很多时间细细地打磨练习的话，后期所产生的麻烦会更多。"

在这个有关冯·彪罗的课程的简短摘要中，我们希望让更多人看到他的一些关于音乐及其诠释的提示和见解。在课程中，老师讲的许多内容都被学员匆匆记了下来，可是除了在场记笔记的人，其他人都没有办法看到。随着冯·彪罗身为钢琴教育家的名声逐渐变大，相信这些简短的笔记会对许多钢琴老师和学生都有一定的价值。

下面描述一下柏林课程所在的音乐教室的画面：那是一个有着长长窗户的教室，五月的阳光透过窗户照进教室，窗外是一座绿色的花园，教室正中央摆放着两架三角钢琴，一侧坐着一排求知若渴、专心致志的学生，一位身材矮小的博士在光亮的地板上来回踱步，或时不时地坐在钢琴旁为他的讲解做示范。脑海中的这幅画面正是每一个有幸参加课程的演奏者的终身财富。我可以肯定地说，那些有关音乐诠释的真实性、精准性的理论以及那些关于音乐性的谆谆教诲，定会永远伴随着这些年轻钢琴家的生涯，并成为他们永远的激励和鼓舞。

30. 威廉·H. 舍伍德：
就音乐诠释的一些启示

William H. Sherwood

年轻的学生有机会来到这位杰出的钢琴家和老师创办的暑期音乐学校。一些以声乐、小提琴和语言闻名的人围绕在他四周，而他本人像一块磁铁，吸引着来自四面八方的钢琴家和教师。

　　也许与一位名师最亲密的接触方式，就是在暑假期间在某个安静的地方专注地跟从他学习。在这里，来自大都市的高速运转的压力、严苛的时间观念以及持续的课业压力都转变成乡村自由自在的生活。时间可能仍然严苛，但每天或每周的一部分时间都可以用来放松，与朋友和学员一起在户外度过。

　　正是在这样的情况下，我第一次见到了舍伍德先生。我从来没有听过他演奏，也很高兴他们的课程以他的钢琴独奏会拉开序幕。他的演奏我很喜欢，既饱含力量又精致微妙，而且音色特别柔美、细腻，给我留下了深刻的印象。此外，他对节目单上的巴赫半音阶幻想曲和肖邦F小调幻想曲的诠释是感情饱满又富有诗意的。我的看法在随后的一次次聆听中得到了进一步的印证，因为他在这一季中举办了很多场独奏会和音乐会。

　　我在暑期跟随舍伍德先生的学习主要是为了获得诠释各种作品的观点。许多观点在我看来都是美妙而极具启发性的，因此我会从当时草草记下的简短笔记中尽可能全面地把它们摘录下来。为了能够更好地解释和说明具体情况，有时会添加一些我个人的参考信息，希望大家都能理解。

对于程度较深的学员，舍伍德先生从第一节课开始就极为关注音色学习和作品诠释。他十分强调在练习和演奏中使用缓慢、轻柔的动作，赋予音色以具体意义，并透过音乐去分析作曲家的创作意图。也许，与我认识的所有老师相比，他对钢琴演奏有更诗意的理解，并能够用清晰而简单的语言传达他的音乐理解。

第一个要说到的作品就是舒曼的《夜曲》（*Nachtstücke*）中的第四首作品。面对作品中那些超八度和弦，他有一种特别的方法，即以中指为中心点去移动弹奏，与此同时抬高手的整个外侧，这样可以保证五指弹奏出圆润而饱满的旋律音。在中间段落，他要求非常柔情和甜美的音色。"这个部分有几个不和谐音，"他说，"在弹奏中应该稍微强调它们，它们可以被称为延留音。在巴赫和亨德尔的时代，作曲的规则非常严格，不允许有延留音；所以每当有延留音出现时，作曲家总会做标记提示。"

然后他分析讲解了肖邦六度练习曲。"这个练习需要非常放松、平稳、清晰的触键——动作流畅顺滑，而非莽撞、强迫。我建议在首个 *PP* 力度的部分这么弹奏：手腕保持相对低的位置，掌关节稍稍抬高，手指稍微放平。在准备弹奏每一对音符时，抬起手指触键，不要用生硬的触键方式，如果非要描述的话，那就应该是用温和、柔软的触键方式。这样的作品需要脱离日常琐碎，使其理想化、精神化。以肖邦即兴曲 Op. 36 为例，其第一部分就像这首练习曲一样，是柔软的，微微起伏的，如油般平滑。这首即兴曲的第一页是非同寻常的，体现了灵魂深处的、神圣的情感，超凡脱俗，几乎没有世俗的感觉。第二页与第一页形成鲜明对比，它直接回到了辛劳忙碌的日常之中，充满了刺耳、尖锐的音色。这首即兴曲的第一页给我们的感觉就像那首六度练习曲一样。我不想让学生仅仅把乐谱上印着的音符弹出声音，我希望它能上升到精神层面——去展现艺术家的创作高度。左手的第一个八度音应该用有力的五指弹奏一个明确、清脆的重音，随后的六度可以像我之前说明的那样用和缓的、贴键的触键方式弹奏。如果我练习这首练习曲半个小时，你可能就会对我能达到的效果感到惊讶。

也许给我十个小时的练习时间，我就有信心弹奏出这种流动的、波浪起伏的效果。有一次，我听李斯特弹奏了几乎所有的肖邦练习曲，我站在旁边帮他翻谱。在这首六度练习曲中，他竟然将所有的六度都改成了两次连击的变节奏弹法，那效果实在是精彩绝伦。"

"至于肖邦第 22 号作品八度练习曲，弹奏者需要用到坚实、平稳的触键办法，弹黑键时可以适当抬高手腕（如库拉克解释的那样），再放低手腕弹白键。手必须自然成拱形，指尖要坚实有力，触键时要有强烈的按压琴键的感觉，贴键，并要有抓住琴键的感觉。在钢琴弹奏中只要有需要贴键的地方，都要贴键。这个练习曲的第二部分，在确保左手和声部分的声音出来的同时，右手旋律应该是柔和、流动、诗意的。大拇指需要特别练习，使其能够像蛇一样稳定、平滑地从一个琴键移动到另一个琴键。"

"接下来是安东·鲁宾斯坦（Anton Rubinstein）的G 大调船歌。第一页中的三度轻柔、平静。为了将这些三度弹好，我反而利用了许多手指动作，将手指抬得足够高，再让手指轻轻地落在琴键上。这个作品第一页的音乐应该是完全宁静、透明的，如一个人孤独地站在水中；夜晚安宁寂静，没有任何其他声音来打破这沉寂。这些柔美规律的三度应该像空中的云一样柔软、轻薄。左手也应当保持轻柔，但第一拍应该略微重一点，第二拍就不要重音了；第一拍是稍微积极的，第二拍是稍微消极的。这是威尼斯船歌的特点，每个小节如潮涨潮落，波浪起伏。"

"开始时的第一小节非常轻柔，第二小节稍微强一点，第三小节保持，第四小节渐弱回落。当你站在岸边，看着巨浪涌来，你会看到一些浪花比其他的更高、更大，这里就是同样的道理。第一页最后的六度的结束部分要渐弱，就像一小股蒸汽的烟雾最后会烟消云散那样。第二页产生了一些更积极的情感，这里如同一个有形的声音对我们说话。旋律应该清晰、宽广、优美，伴奏的和弦应该保持相同的起伏，似潮涨和潮落的波浪状的走向。我刚刚已经提到过的那个夸张的抬指方法，我在许多时候会用到。任何人都可以用尖锐、敏捷的触键方式弹奏钢琴；但我指的是伸出手指去找那个音，手经过空中缓冲，最后温柔地落在琴键上，不急切，而是有十足的把握能够及时触碰到琴键。如果你把一块石头抛向空中，它会以尖锐的重击落地；而一只鸟儿飞起，它会在空中盘旋一会儿，又轻轻地降落。这首威尼斯船歌一点儿也不容易弹，需要做大量的练习以寻求灵巧的控制。这是关于控制极弱力度的一条很好的练习——力量控制、抑制和克制。"

当讲到约瑟夫·赖因贝格尔（Josef Rheinberger）的小托卡塔时，舍伍德先生说："我喜欢这个作品，作品中有大量实质性的练习内容，这是一首非常有效的、优秀的练习作品。你应该在一年里的每一天都弹一下这首曲子。曲子是12/8拍，使得每个小节有四个拍点，但我认为如果按照这种节奏感去弹，会使音乐听上去过于方正刻板。我会把每个小节分为两个大拍点，并在拍点上做轻微的强调。虽然你也许会更熟悉肖邦和舒曼的音乐风格，但我特别推荐这类作品，还有巴赫的音乐。这些作品可以让你分析音乐作品的能力更加扎实、牢固。"

我们又讲到了拉夫Op.94钢琴组曲（编者注：原文有误，Op.94是一首即兴圆舞曲）。"前奏曲非常不错，"他说，"我喜欢这首曲子。在音乐性上，小步舞曲在组曲的所有作品中可能是相对薄弱的，但它有着很独特的优雅，是这一套作品中最受大众欢迎的。我最喜欢的就是浪漫曲了，非常地柔美、流畅、悠扬。最后的赋格是一首很好的作品：你看，它的主题从一只手巧妙地传递到另一只手，从前巴赫和亨德尔从来没有想到过这种创作方式。我认为拉夫的这首赋格是现代赋格作品的典范之作。"

舍伍德先生很喜欢给学生布置约瑟夫·维尼亚夫斯基（Józef Wieniawski）的第 3 号作品中的第一首圆舞曲，因为它极其精彩。"在这首作品中能实现许多精妙的音乐效果。弹奏者在这首作品里可以有许多自由发挥的空间，想象力越丰富，效果越好。我会称其为一首很时尚的作品，前奏曲的部分音乐效果可以是变幻莫测的，你可以把所有你能实现的效果都融进去。圆舞曲的部分应该以非常浮夸的弹奏风格开始，右手极为跳跃，一切都极其迷人。乐谱第五页有一处标记了 *amoroso*（柔情地），但八个小节之后，年轻人把他的所有都献给了他的父亲［变成了 *appassionato*（热情地）］！第六页的开头很弱、很轻，不过是一缕烟，好像什么都没有。但在 *poco piu lento*（略慢一些）的速度下，有一股现实的暗流涌动着；这两个部分同时存在着——带重音的坚硬的尘世部分，以及像空气那样轻薄的精神世界。技巧水平最理想化的状态就是在弹奏中领悟到这些音乐特性。"

李斯特改编的肖邦作品《少女的愿望》(*Maiden's Wish*) 是下一个讲解的曲子。"这首曲子的主题常常给人感觉像是被一层精致的蕾丝覆盖和包裹住了，但我们必须把它找出来并清楚地将它表现出来。找到隐藏在音符后面的主题并不那么容易。你必须深入了解作品的内在，并能感受到它。这不是技巧，甚至不是方法，它是演奏的精神境界。有些作品只弹奏音符听起来就不错，像舒伯特的 F 小调音乐瞬间一样。然而，即使在这样的曲子里，音符背后也大有深意，如果能将其表达出来，将使这首曲子完全不同。"

　　"舒曼为双钢琴而作的行板和变奏，主题的触键应该是极其温柔的、抚摸式的。第一页出现连续四个十六分音符，节奏变得相对方正，音乐也随之柔软下来。在第二页中，注意装饰音不要弹成重音，应当把重音放在五指处。大篇幅和弦的那一个变奏，应使用贴键触键的办法，用指尖找到那种贴合琴键的感觉，好像是深深地吸一口气。三连音的那个变奏，乍一看可能会感觉像是一幅有着滑稽主题的讽刺画，但我不认为舒曼有任何这样的意图。相反，他是在描绘一个非常甜蜜、温柔、充满爱的主题。最后一页是空灵、完美的，像是呼气的感觉，气息越来越微弱，直到最后。"

"肖邦的 G 小调叙事曲以庄严的气质缓慢地开始。开始的主旋律悲伤阴郁。第二页的 *a tempo*（回到原速）部分以四个不同声部同时进行。在稍往后的 *piu forte*（稍强）部分，需要有技巧地在弹奏中抬高右手的外侧，运用手腕帮助移动。这里的主题是极大的骚动和不安。第五页，演奏者需要强大的力量，并保持八度音阶的完美连奏。动荡的感觉在这里得到增强，直到它变得几近痛苦，然后在 *animato*（生气勃勃）那里才有了些许安宁的感觉。这里的弹奏应该轻柔细腻，左手控制节奏。*Presto*（急板）部分需要巨大的力量和气魄。弹奏和弦时，要压低手腕，贴键弹完前一个和弦后抬起手腕，自然落下去弹第二个和弦。我总是强调第二个和弦。双音跑动部分开始之前的最后两个和弦要缓慢弹奏，然后加速并着重表现这一部分的音色。八度的跑动也是同样的道理，先稍缓地弹奏，然后逐步加大力度、加快速度。"

他还分析了许多其他的作品，但这些被列举出来的作品是在我记忆中脱颖而出的，这些讲解一定程度上反映出了舍伍德先生的教学方法。

31. 威廉·梅森博士：
就音乐诠释的一些启示

Dr. William Mason

在前述经历的几年之后，我有幸跟随所有美国钢琴老师的前辈威廉·梅森博士学习。我在欧洲跟随沙尔文卡、克林德沃特和冯·彪罗学习了几年，然后回到自己的国家，投入到钢琴教学和演奏中。很快，教学严重地占据了我的时间，以致我担心除非某个大师对我进行指导，否则我的演奏会被逼入绝境。有了这种想法之后，我去拜访了梅森博士。

"你跟随舍伍德学习过，"他开始说，"他在触键和技巧方面有很多很好的想法。其中一些想法来自我，不过我不想多提。舍伍德有真正的钢琴触键的方法，很少有钢琴家拥有它：克林德沃特没有，冯·彪罗没有，甚至李斯特也完全没有，因为他们希望寻求一种更像管弦乐团的弹奏感觉。舍伍德有这种触键，陶西格有，弗拉基米尔·德·帕赫曼（Vladimir de Pachmann）和鲁宾斯坦尤其有。在德国，老师不教触键理所应当。在这方面，美国教师要遥遥领先。几年后，欧洲人会来找我们学习这些东西的。"（这也是舍伍德的想法。）

我给梅森博士演奏的第一首曲子是勃拉姆斯的G小调狂想曲，碰巧他对这个曲子不熟悉。我没有间断地演奏了整首曲子，他似乎很高兴。

"你有很美的音色，真的是非常优美的音色，你的弹奏富有艺术性。很多东西对你来说都比较自然，不然你不可能将其掌握得如此好。你的手也训练有素。可以说，在我四十年的教学生涯中，还没有一个学生找到我时比你的条件更好，或者比你弹奏得更自然。现在，你认为我能为你做什么？"

　　我解释说，我认为我的教学需要一些新的想法，再就是我希望保持继续练琴的状态。

　　"我会把我的方法理念讲给你，然后我们再一起学习一些作品。"

　　"一切的要义是要懂得如何去练习，但这也是很难去传授的。我从事职业演奏十年后才发现这个秘密。"

　　"练琴一定要多慢练，并做分段练习。不仅要正确弹出所有的音，还要细细地推敲这些音。学钢琴就必须有如磐石般坚固的基础，只有拥有足够的耐心并坚持慢练才能奠定牢固的基础。如果弹琴的人在弹慢速时都不能很好地控制他的手指，那快速肯定就更不行了。慢练——一次解决一个难点。拿破仑的'各个击破'战术就很适用于音乐学习。还有一点很重要的是，不要急于弹赋格，这是一个普遍的错误。在弹奏巴赫的作品时，颤音是需要比现代作品慢的。和弦不要用击键的方式弹奏，而是要用自然放松的重力触键的方式。钢琴演奏最重要的两个方面就是音色和情感。当你接触一个新作品时，先练几个小节，慢练，直到你熟悉它们，然后加速；再以同样的方式往下练，不要一上来就想练习整个作品。"

"就像生命中每一次大喜或大悲的经历都会给人留下一个或好或坏的印记，每次练习时，你不是在进步就是在退步。就像那些训练有素的孩子有良好的习惯一样，好的弹奏源于一直追求更好的习惯。正如近朱者赤、近墨者黑的道理，我们也会受听到的音色或音质的影响。因此，练琴要用最认真的状态，把你的心思、精力和整个人都投入到弹奏中。"

我们一起学习的其他作品中还有一首舒曼 F 小调钢琴奏鸣曲，即那首"约瑟比乌斯"奏鸣曲，一部非常棒的作品！在开场的乐章中，左手应当严肃而沉重，利用手臂重量，手和手指贴近琴键。右手的八度音阶旋律是恳切、哀求的。在许多地方，触键应当是非常灵活、有弹性的。第二个乐章开始得很轻柔，好像听到远处一些微弱的声音，不太听得清楚，似乎是音乐的声音。这个

333

乐章中所有的重音标记都应该理解为是相对的，即没有标记所示的那么强烈。谐谑曲是极其浮夸的，要带着有力的重音和活泼、跑动的感觉去弹奏这个乐章；那些和弦要用最大限度的自由和气魄去弹奏。人们必须使用帕德雷夫斯基的"放手"的状态去思考这个乐章的演奏，他本人对其把握甚是有道。

接下来，我们研究了格里格的钢琴协奏曲。这部作品的彼得斯版（Peters Edition）是作曲家亲自修订的。在弹这首曲子的第一节课上，梅森博士用第二架钢琴为我伴奏，并似乎对我的演奏很满意，没有做出任何修正，只是建议加快一点速度。"我并不是说要牺牲谨慎性和准确性，但像这种作品，你要从一开始就勇于冒险。这让我想起了被精心抚养的一个年轻人。当一个千载难逢的机会来到他面前，他退缩了，害怕了，而别人则会用更大的勇气介入并拿走他的机会。"

我们花了很多时间讨论慢乐章。"请注意，在这个乐章中，第二段独奏结束后的音乐有缓慢、梦幻般的效果，接下来的和弦部分要巧妙地使用踏板。第三乐章必须带着很强的节奏感去弹：八度华彩应该用变节奏的方式去练习，最后的行板部分必须要快。"

第三次我们弹奏协奏曲时，我完全掌握了这部作品。梅森博士尽其所能为我伴奏，并在结束时称赞了我的弹奏，以及我投入其中的诗意和热情。有这样一位大师引领，谁能不用激情和热情弹奏呢！

梅森博士是很鼓舞人心的一位老师，他能很快注意到学生的优点并给予赞扬，同时又能很敏锐地发现问题并帮其改正。他的音乐建议极具价值，因为他有如此丰富的经验，又对音乐和音乐家如此了解。最重要的是，他是一个真正的艺术家，总是乐于为了学生的益处而耐心地分享他的艺术体悟，总是乐于鼓励和启发学生。

后记：
钢琴学习中一些至关重要的部分

Ⅰ．缘起

事情该怎么做，别人是怎么做的，以及用这一种方式而不是另一种方式做事情的原因……这些想法从我有记忆起一直占据着我的思绪。孩提时，我喜欢看人做精细的针线活或美丽的刺绣，并通过最微小的细节试图在脑海中回忆我所看到的情景。对准确性和细节的这种执着也用在了钢琴学习之中，这让我质疑很多事情，想知道为什么我被告知这样做，尤其当其他人似乎用了不同的方式时。事实上，我开始发现，每一个弹钢琴的人都在以不同的方式弹奏钢琴。为什么有不止一种方式？

在一个难忘的夜晚，我被带去听安东·鲁宾斯坦的独奏音乐会。他的手指在键盘上来回跑动，这一刻充满激情和火焰，下一刻又如天鹅绒般光滑或如蓟花冠毛般柔软和轻盈，钢琴在他的手里成了多么奇妙的乐器。我家里的钢琴和眼前这个奇迹有什么共同之处呢？为什么当我聆听这位大师的作品时，迄今为止所有为钢琴演奏做出的努力都被遗忘了呢？这一切的原因是什么呢？

安娜·梅莉施（Anna Mehlig）、约瑟夫、梅森和其他更多的钢琴艺术家都进入了我的视野。当我观摩他们的表演时，我很清楚地知道，每个大师都在以最适合自己的方式弹琴；同时每个演奏者都使乐器发出了普通人梦寐以求的音色。秘密是什么？是触键的方式，手的大小，手指的长度，还是演奏者拥有的巨大力量呢？我一直被教导弹琴要从容仔细，这样才不会出错；这些伟大的钢琴家却有着大无畏的精神。只要能达到想要的速度和音乐效果，至少鲁宾斯坦并不会太在乎他是否在这儿或那儿弹错了几个音。但他无所畏惧的速度以及惊人的力量源自何处？

钢琴演奏的本质

我开始一点点地意识到有效的钢琴演奏的要素是：清晰的触键、智慧的断句、多元化的音色、足够强大的力量，以及精致细腻的表达和极致的速度。艺术家所拥有的这些品质被视为理所当然，但普通学生或教师却完全不能达到类似的效果，也不能表现出足够的清晰度和力量。原因是什么呢？

我一路走来得到了许多不同钢琴老师的指导。我十分顺从我的第一位老师，努力地完全按照我被告知的去做。然而第二位老师说我必须重新开始，因为我的学习"完全错了"。我从来没有掌握正确的手型也没有手指的独立性，因此现在必须逐步建立这些。接下来的一位大师告诉我，我的手指独立性必须通过与我原来所学的不同的方式获得，他认为我之前的方式不太正确。下一位教授说我手指的第二个关节需要更加突出，而不是我之前一直做的那样让所有关节都呈弧形。我花了几个月才把这个所谓的错误纠正过来。

我很感谢再下一位老师对我的关于指法和乐句的规范教导，这位老师也因此而闻名。再下一位大师的特点是轻柔的慢动作的触键方式。这位老师花了将近六个月的时间帮助我激发手指力量并释放我在演奏中的光彩。至于下一位老师，我跟随其学习了一种在肌肉放松的同时，手指灵活、有弹性的触键方法。我如此刻苦地练习这种触键方式，以致我可怜的钢琴在一年内就坏了，不得不送到工厂翻新。再下一位大师坚持手指动作的精确性，坚持用节拍器辅助不断加速，并重点关注音色和背谱。

对真正知识的渴望

简言之，这就是我一路学琴的经历。通过这些经历（以及顺便尝试了各种所谓的和不知名的教学法），我觉得我已经站在了一个足够深入的位置上，可以更清晰地看待过往所学。我一如既往地渴望了解那些伟大钢琴家的弹奏经验与方法。对于他们来说，掌握这门乐器时有什么是没有经历的？在掌握了这件乐器后，他们认为钢琴技术和钢琴演奏的要点究竟是什么呢？只要有人真的明白这些事情，那么他们一定是最明白其中关窍的。如果他们愿意，可以告诉你应该做什么、需要避免什么、什么是可以排除的或是并不重要的，以及应该重点关心什么。

在我小时候听到了鲁宾斯坦精彩演奏的那个晚上，我极度渴望去找他，用我的小手紧握他美妙的双手，恳请他告诉我是如何做到这一切的。但我现在才明白他大概也无法解释清楚，对于天才来说，对音乐的表达越自如，就越难用语言来描述其表达方式。在后来的岁月里，在聆听帕德雷夫斯基、霍夫曼等人的演奏时我也产生了同样的冲动。如果他们能告诉我们究竟是怎样做才有了今天的成就的，对于那些程度足够深、能从中受益并领悟这些大师的方向和经验的人来说是多么大的帮助啊。

认识到自己的这一强烈的愿望，又偶然地表达了这个几乎被遗忘的愿望几个月后，《美国音乐》杂志要求我针对正在访美的世界著名钢琴家以及在业界有名望的，并有着安全高效的教学方法的著名教师进行一系列的采访。

探寻真相

这从来不是一个能以热情担保的有趣、惬意的工作。艺术家经常面对对于他们而言可能平淡无奇的问题，但对询问者来说这是钢琴技巧和钢琴弹奏的精髓所在。对于一个艺术家来说，坐下来分析自己的方法并不是一件轻而易举的事。有些人发现，几乎不能用言语表达出他们对这些主题的看法。他们的关注点常常放在那个永久的主题——音乐诠释上，他们几乎不知道技术效果是如何产生的，也不能把这些用文字表达出来。包括鲁宾斯坦在内的他们常常只能回答"我是这样做的"，让提问者去领悟他们的方法并给出总结。然而，我迫切想要从这些问题中寻得关键，并从提问中引导出更多的信息。

一个原则一直摆在我面前，那就是事实。我希望找出每个主题的事实真相，然后努力记下艺术家所讲的内容，用我认为最确切的方式表达出来。在对主题的关键点和主要方面进行分类时，我发现以下几点似乎很重要：1. 如何获得和保持钢琴弹奏技术；2. 该怎样练琴；3. 如何背谱；4. 钢琴演奏的节奏和音色探讨。

Ⅱ. 手型、手指动作和富有艺术性的触键

技术包括什么

当聆听世界著名艺术家的钢琴音乐会时，我们会去思考演奏家对作品的音乐诠释，当然前提是我们是音乐家。几乎不用说，钢琴家一定有着完美的技术。他必须有这样的技术才能作为艺术家赢得认可。如果没有高超的技术，没有对钢琴这件乐器和对自身的完全的掌控，他就不会成为艺术家。

在广义上，我们使用技术（technic）这个词，广义的技术包括与钢琴演奏有关的所有事物。正是在这种意义下，哈罗德·鲍尔称技术"本身就是一门艺术"。布卢姆菲尔德·蔡斯勒说："钢琴技术包括很多东西！它包罗万象：算术、语法、措辞、语言研究、诗歌、历史和绘画。和其他任何学科一样，钢琴在最初阶段也需要学习规则。我必须了解节奏和节拍的准则，才能学会处理乐句和断句。那些很久都不做节奏训练的学生很显然应该已经忘记了如何分拍和划分音组，他们不能很好地把握音符和音组的实际时值，不知道如何处理三连音、附点音符等。因此，技术包括很多事情，是一个非常广泛的主题。"

手型

钢琴老师向学生展示的第一个基本原则就是手型。我一直努力从各种艺术家身上获得这方面的明确表达。他们中的大多数人认为，指关节弯曲成拱形是正确的手型状态。帕德雷夫斯基说："让我看看演奏者在弹奏钢琴时的手型如何，我就会告诉你他是什么样的演奏者。"这表明这位波兰钢琴家认为手型在钢琴弹奏中至关重要。

"我总是保持坚挺的拱形手型。"——厄内斯特·谢林

"双手保持自然放松的拱桥手型，离指尖最近的第一关节必须要坚挺，在自然放松的前提下，三指要比大拇指和五指在稍远的位置上。"——凯瑟琳·古德森

"双手在键盘上形成五指手位并保持各个关节突出。"——埃塞尔·莱金斯卡

"双手要形成一个拱形姿势，手指自然弯曲，并保持稳定。"——卡尔·M. 罗德

"处于正常演奏位置的手必须抬起来，形成良好的拱形，手指弯曲成半球形。"——涂尔·伯纳姆

"我会首先要求他们掌握漂亮的圆弧形手型。"——埃德温·休斯

"我教授拱形手型。"——亚历山大·兰伯特

"一个弹钢琴的人必须首先掌握好拱形的手型，并保持第一关节的稳定。"——埃莉诺·斯潘塞

"对学生来说，首先要做的事是掌握正确的手型，掌关节稍微抬高，手指适当弯曲成半球形。"——范妮·布卢姆菲尔德·蔡斯勒

"学生必须首先掌握拱形手型，保持指关节稳定坚挺。我会让他们练习先在桌边摆手型，而不是在琴上。"——阿格尼丝·摩根

莱谢蒂茨基也教授拱形手位，即手指保持圆形的状态，接受过他教导的所有人都提倡这种形式。这是公认的跑动乐段的手型。少数钢琴家，特别是阿尔弗雷德·柯尔托和蒂娜·莱纳，会用相对扁平的手指演奏跑动乐段，但在莱纳小姐的案例中，这无疑是手较小的缘故。

从上述引文和许多其他可以引用的观点中可以清楚地看出，权威人士都认同手应该持完美的拱形，用手指尖与琴键接触。此外，第一关节处不应该是无力的状态，也不应该出现折指的情况。

手指动作

抬高手指的问题似乎是各方持不同意见的一个问题。戈多夫斯基等一些钢琴家会告诉你他们不赞成高抬指——他们主张手指贴键。然而，值得注意的是，即使那些表明不赞成高抬指的人，自己在弹奏需要明确性和清晰性的乐段时也会使用高抬指的触键办法。还有一些演奏家在这个问题上的态度相当模糊，但这些人一般没

有经历过常规的学习。

那些教得最好的老师的普遍想法是，在开始学习钢琴时，必须掌握积极的抬指动作；它必须成为学生牢固的基础和习惯，成为演奏者自己的一部分，这样他才永远不会忘记，也不会摒弃它。这个习惯应该牢固到即使全神贯注地投入音乐诠释，也不会影响到手型、状态，或者优雅可塑的触键。

"在跑动乐段的弹奏问题上，我坚持抬指的办法；手指必须抬起来，以确保手指的跑动。我认为，一个人私底下做技术练习或弹奏技术含量较高的作品时，肯定比在观众面前演奏相同作品时需要更夸张的手指动作。"——克拉伦斯·阿德勒（Clarence Adler）

亚历山大·兰伯特在谈及这一点时说："我会为孩子和初学者教授明确无误的抬指动作。有些老师可能不教抬手指的动作，因为他们宣称艺术家演奏时不会用到太多的手指动作。实际上，如果你真的去问艺术家的话，他们会告诉你，他学琴伊始也学习了抬指。学琴这个过程有着许多不同的阶段。初学者必须通过抬指训练来提高手指的技能，并掌握良好的、清晰的触键方法。到了中期，等他拥有了良好的手指控制能力后，则需要渐渐减少抬手指的动作，但是弹奏出的每一个音仍旧需要确保足够清晰。到更后期的阶段，学生则需要以更加轻微而不易察觉的触键方法去弹琴，而手指则需要更准确地对大脑提出的每一个指令做出反应。"

正是这种对手指状态和动作的完美掌握和控制，使肤浅的观察者臆断伟大的艺术家没有考虑诸如手型、手指状态和动作之类的事情。没有比这更大的错误了。最完美的技术是通过勤勉的练习和对细节的密切关注获得的。在艺术家的职业生涯中总有一个阶段是必须夯实基础，向上积累的。作为一名声名显赫的教师，莱谢蒂茨基可能有不同意见，但事实是，现在在公众面前演奏的许多钢琴家或多或少曾随他学习。那些维也纳的音乐家也都很好地证明了，一个钢琴家必须经历严格的只针对手指训练的学习阶段，并将车尔尼练习曲练到有着完美的控制和音乐效果的程度，否则他绝不可能成为一个演奏者。

艺术性触键

在触键方面，威廉·梅森博士是美国最伟大的老师之一，他对此进行了详尽的研究。他的触键以清晰、清脆且有弹性的音色而闻名。有一次，他在评论公共场合的演奏时说："我可能非常紧张，甚至我几乎不能走到钢琴前；一旦我开始演奏，我就可以通过美妙的触键和音色吸引住观众，观众席上一根针落在地上都能听得到。"梅森博士的触键办法是"压力"以及"有弹性"或"放松"的方法。他发现这些为声音赋予了重量和清脆轻盈的感觉。

伦敦的托比亚斯·马太先生在触键和键盘机制研究上付出了大量的时间和思考。他说："钢琴触键技术最关键的两个原则：永远要感受琴键的回弹力——感受键盘对每个音符的需求；总是在声音发出的瞬间就注意聆听，慢慢你就会习惯将注意力放在声音上，而不是放在键盘上。下键时，只有让琴键另一端的琴槌敲击到琴弦，才会发声。速度越快，音量越大。触键的速度越缓慢，音色就越柔美。想要绝美的音色，你需要通过不同的触键方法掌握琴槌敲击琴弦的技巧，但这绝不意味着单纯地敲击琴键，那样的触键方法是错误的。"

梅森和莱谢蒂茨基的学生涂尔·伯纳姆将他这两位老师的想法融入自己的经验中，并将钢琴触键简化为旋律之手和技术/华彩之手。

"根据音乐风格特点以及你想要的音色效果，手型和手指状态都要有相应的调整。如果在弹一句旋律时，你希望能有饱满浑厚的音色，就要将整个手臂的重量落在琴键上，身体放松，使用抚摸般的尽可能贴键的触键方法。让手指伸展，手型相对扁平，你因此拥有了'旋律之手'。相反，当你弹奏快速跑动的段落时，那就需要明亮、清晰、伶俐的触键，手型必须保持常规姿势——完美的拱形，让手指保持充分的弧形，做清晰干净的抬指动作。这样你便拥有了'技术之手'或'华彩之手'。"

　　伯纳姆先生的区分消除了人们对于拱桥手型、清晰触键以及低手腕、扁平手指触键的不确定性。两者都可以根据音乐的要求，在适当的时候使用。然而，弹奏者如果想要获得干净、牢固的手指技术，就应该在尝试"旋律之手"之前先获得"华彩之手"。

Ⅲ. 练习的艺术

　　我们都知道，如果钢琴家希望自己的演奏艺术完美，那么他必须在手型、身体姿势、正确的手指动作以及触键和音色等方面打下坚实的基础。

刚听完钢琴音乐会的人经常会感慨："我要是能弹得这么好，我愿意拿一切来兑换！"但是，他们甚至不愿意付出必要的时间，更不用说无尽的耐心、不知疲倦的精力和不屈不挠的毅力，而这些正是一个音乐大师的必经之路。

艺术家真正需要多少时间练习呢？帕德雷夫斯基承认他在巡演之前会投入所有的时间去准备。在一年中的某些特定的时间，大多数艺术家每天都会付出很大一部分时间去学习作品。利奥波德·戈多夫斯基（Leopold Godowsky）总是一直不断地练琴；伯纳姆会把整个上午的时间拿出来专注练琴；热尔梅娜·施尼策尔每天练 6 个小时琴，如果有一天因为什么事情耽误了，她会尽早把缺失的时间补回来。正如埃莉诺·斯潘塞女士优雅地说过的，她"利用所有的业余时间练琴"。职业钢琴演奏家除了在钢琴之外的一些工作，必须每天花几个小时在钢琴上进行切实的练习。无论是否坐在乐器前，都要在脑海中不断地练习、思考作品。

我们最关心的一点是：一个人应该如何练习，才能充分利用时间，并达到最佳的效果？应使用哪些练习曲，以及哪些技术练习是最有用和最有效的？

我们时常钦佩威廉·巴克豪斯完美的技术。他说："我自己比较老派，仍是信赖音阶和琶音练习的。现在有些弹奏者认为这些内容没用，而我却坚持认为它们很重要。但这并不意味着每次练琴前我会把所有调式的音阶过一遍，但每次我都会选择其中几个调式进行练习。在做正式的音阶、琶音训练前，我会先以很简单的小练习开始，就是单纯的大拇指的穿越练习，每种练习都反复练几遍，这些小练习能够很好地帮助我进行琶音和音阶的训练。我每天大概能练半个小时的琶音。一周中，我总会花一到两次仔细检查我的技术，确保所有的东西都在正轨上——当然了，音阶和琶音的弹奏我也都会去检查和注意的。针对这部分练习，我会用连奏、断奏和其他的触键方式去弹，不过大多数时候都是用连奏，因为连奏相比其他方式难度更大，音色也会更美。如果可能的话，我每天做一个小时技术练习，其中包括一些巴赫的练习。"

西吉斯蒙德·斯托约夫斯基认为，音阶和琶音必须是日常练习内容的一部分。

涂尔·伯纳姆说："我在练习中会花至少一个小时做

一些技术练习，如音阶、琶音、八度、和弦，以及巴赫！我深信练琴过程中选一首巴赫的曲子十分重要，比如练一首巴赫二部创意曲，直到能够将它弹得完美，还可以做所有的转调练习，将它打磨到能达到的最高水准。还有练习曲，与其找一堆去练，不如就找几首，并将它们打磨到能最完美呈现的程度。"

钢琴家作为技术专家

美国钢琴家埃德温·休斯曾在慕尼黑当教师。他评论说："技术是音乐产生过程中机械性的部分。想要保持良好的演奏状态就必须持续地提升改进，正如火车司机会检修他的火车，或是汽车司机会检修他的汽车。在技术训练的学习过程中，每个聪明的学生都会发现一些对于帮助自己保持良好演奏水平尤为重要的练习，他们应将这些练习放在每日的技巧训练中。"

特蕾莎·卡雷尼奥声称，她一开始学习时，她的老师专门为她创作了许多技巧练习，摘自一些伟大的作品中较难的乐段。这样的练习有几百个，要花三天的时间才能过上一轮。她认为它们是无价的，并经常在自己的练习和教学中使用它们。每个练习都必须用所有调和各种可能的、不同的触键方式和音色进行弹奏。

帕德雷夫斯基每天花很多时间进行纯粹的技术练习。众所周知，他可以用一个调连续反复地弹奏音阶和琶音四十五分钟之久，在这期间他会用各种不同的触键方式、速度和力度等进行弹奏。

从引用的例子中，可以了解到许多伟大的钢琴家主张每日进行技术练习，以及做作品之外的纯粹的技术练习。更多的人证明了，音阶、和弦、琶音和八度练习构成了他们的日常练习内容。有些人对我说，八度双音练习尤其对技术训练有益。他们觉得对于掌握优秀的技术水平并保持能开音乐会的高度，这些技术练习是必不可少的。

有些艺术家偏爱某些特定的技术练习。例如，巴克豪斯强烈推荐勃拉姆斯的技术练习。所有艺术家都使用巴赫的作品来进行技术练习。事实上，巴赫的作品被认为体现了纯粹的技术根本，钢琴家和教师认为它们是日常必需品。

发明练习

除了单纯的技术练习之外，艺术家还用所学的作品来发明练习：用一只手演奏为双手写的乐段；将单个音符变成八度双音；使用比必要情况下更困难的指法，由此锻炼较弱的手指；进行变节奏练习；进行夸大音乐效果的练习；等等。再回头按最初的乐谱所记弹奏时，你会发现它变得像小孩玩游戏一样轻松。

训练技术的另一种练习方式是转调。人们会认为巴赫的音乐在以谱面所写的方式演奏时已经够难了，但可能一些艺术家也没想到巴赫的作品还可以用不同的调来练习。伯纳姆说，在跟随梅森博士学琴初期，有一次这位大师给他布置了一首巴赫二部创意曲，让他回去练习，很随意地说了一句"下次课前最好是把它背下来"。这个简单的建议已经是足够多的作业了，然而这个雄心勃勃的学生在下一节课上不仅牢记了那首二部创意曲，而且还学会了整套二部创意曲集！德·帕赫曼渴望掌握钢琴弹奏的技术和更大的曲目库，他说，他的老师有一次给他布置了一首巴赫的前奏曲和赋格，他回到家练习了整整二十四个小时，他下一节课回课时可以用所有的调来弹奏这首前奏曲和赋格！

慢练

艺术家经常被问到这个问题："练习一个作品时，你认为有必要在练琴中练习提速吗，或者你是否会按照作曲家要求的速度练习作品？"许多钢琴家练琴都是慢练的。这是威廉·H. 舍伍德的习惯。哈罗德·鲍尔认为速度是一个人与生俱来的，所以当一个乐段被充分理解时，就可以以必要的速度进行弹奏。巴克豪斯证明他很少练习提速，他说，如果他充分掌握了一个乐段，他就能以任何必要的速度来弹奏。"我从来不像有些人那样追求速度，"他评论道，"我很少以极快的速度练习，这会影响到曲子的清晰度。我更愿意放慢速度弹奏，对清晰度和音调的美感给予最大的关注。在追求这些目标的过程中，我发现当我需要速度时它自然而然就有了。"

克拉伦斯·阿德勒建议学生总是从慢练开始，更快的速度会在今后通过潜意识而逐步获得。只有在作品被彻底掌握后才需要加快速度，也就是每个表达记号都做到了，所有的指法、重音和力度标记都掌握了之后才能考虑加快速度。他补充道："你几乎不会相信，我练习时的速度有多慢。"

一些例外情况

只有很少的艺术家对作品之外的纯粹的技术练习提出了异议。戈多夫斯基声称他从来不练习音阶。鲍尔也很少关心纯粹的技术练习，他认为作品本身已经包含足够的技术技巧训练了。

无论这些伟大钢琴家的情况是否证明了些什么，思想足够成熟的学生还是必须靠自己做决定。应当意识到，现代钢琴演奏除了需要完美的技术，还需要同样重要的健康活力、清晰的目标和成熟的心智。科妮莉亚·里德尔-波萨（Cornelia Rider - Possart）特夫人说："技术是艺术家必须视为背景的次要的东西，但如果没有技术，他就会一无是处。"学生不能忽视这个事实，即要获得必要的技术控制，必须投入足够的时间，并考虑在作品之外进行纯粹的练习研究。他必须理解这些方法并找到自己的练习路径，以便以最快和最可靠的方式获得最佳效果。虽然每个人都必须找到自己的救赎，但激励我们的一点是，即使最伟大的艺术家也必须为提高技术而刻苦练琴，并且必须永远坚持下去才能保持水准，他们也必须做许多许多的慢练，甚至也必须一点一点地背谱。真正的艺术家和才华横溢的业余爱好者的区别往往在于前者的绝对专注、坚持不懈和对最高理想的执着追求。

Ⅳ. 如何背谱

在钢琴发展的现时阶段，艺术家不会冒险来到公众面前"使用乐谱"演奏。任何重视声誉的艺术家都不会尝试。所有作品都必须背谱弹奏——无论是独奏作品还是协奏曲，甚至伴奏作品。钢琴家必须记得他演奏的作品的每一个音符。那些知名的艺术指导在跟著名歌唱家或器乐演奏家合作时，渴望同样的表现力。挥舞着他们的指尖指挥歌剧、交响乐或协奏曲的指挥家也是如此。汉斯·冯·彪罗声称，一个钢琴家的曲目库中应该有超过两百首曲子，他本人也同样要掌握大量的管弦乐作品。他总在脱离乐谱的情况下指挥迈宁根管弦乐团。

我们说，如今钢琴家的曲目库中应该有大约两百个作品，所有这些都必须在背谱的情况下演奏。如此大量的背谱工作对钢琴家来说绝不是小事。问题是需要发现能快速、可靠地牢记音乐的最佳方法。在这里，我再次深感荣幸，得以咨询一些艺术家和钢琴教育家。他们的知识和经验是实用的，因为他们已经在日复一日的练琴学习中将其不断改进，并证实了这些方法的可靠性。

这是一个众所周知的事实，即莱谢蒂茨基建议远离乐器来背谱。这种方法能够立刻制止许多钢琴学生毫无用处、漫不经心的重复。许多学生在背谱时常常不带任何思考地重复一遍又一遍，然后，他们想知道为什么记不住！这位维也纳大师建议，分手练习，在脑海中一次只学习两到四个小节的长度，然后尝试在钢琴上弹出来。如果还没有在脑海中完全掌握，那么应该重复练习，直到能够不出错地在钢琴上弹出这一小段。然后，以同样的方式继续练习整个作品。

一年的背谱计划

一个演奏者如果每天拿出五六个小时练琴，并掌握了好的背谱方法，能够每天背下至少一页的作品，那么坚持这种系统的练习，便可以在一年内彻底吸收至少五十首作品。这确实是保守的估计，虽然乍一看数量可能相当大。如果考虑到音乐累加的困难，把量减半，仍然会有二十五首作品，这是两场音乐会的曲目量了，当然也很好地展示了一年的学习成果。

也许莱谢蒂茨基的背谱方法不会吸引每一个人。演奏者可能会找到另一条通往目标的道路，一条更适合他个人性格习惯的道路。或者，如果他还没有发现正确的道路，可以让他尝试不同的方式，直到他找到一个用时最短和最切实可行的方式。所有大师都认为，分析思考作品和集中精力是使音乐进入记忆过程的主要因素。

钢琴家兼教师迈克尔·冯·扎多拉（Michael von Zadora）最近对我说："假设你有一个很难的乐段需要背谱。普通的背谱方法是一遍又一遍地弹奏这个乐段，直到手指习惯了它的所有音程。但这不是我的教学方式。掌握这个乐段唯一的方法是彻底分析它，知道有哪些音以及它们之间的所有关系，如果你愿意，还可以分析它们在琴键上的位置、指法，以及弹奏这些音必须采取的方式或手型，这样你就能在将手指放到琴键上之前，清楚地知道该怎么做了。当你因此彻底理解了乐段或作品，有了自己的理解，与它共存，它就会融入你的血液，这时我们可以说，双手就能很轻松地去弹奏了。这样做省去了很多困难，也避免了许多无谓的重复。"

逐句背谱

大多数艺术家都认同，在对一首曲子的调式调性、和声和曲式进行彻底分析之后，背谱时必须一句一句地来。这是莱谢蒂茨基的三个学生凯瑟琳·古德森、埃莉诺·斯潘塞和埃塞尔·莱金斯卡的方式，现在她们都已经是成功的职业演奏家了。古德森小姐说："对一部作品的研习应细致谨慎到甚至换一个调依然可以熟练弹奏的程度。视情况而定，我会分手练习。"埃莉诺·斯潘塞说："首先，我会整体弹奏几遍，让自己对乐曲的曲式和轮廓越来越熟悉。接着，我会开始分析和学习作品，将乐句、动机、小节拆解开来，一次分析一两个小节。我通常不会做太多的单手练习，除非曲子难度极高；有时候，直接合手练习反而更容易。"热尔梅娜·施尼策尔说，她常常会花许多时间解决一个较难的乐段，直到她真正完全掌握，无论需要多长时间。"不然继续下去有什么用呢，"她说，"你要完全掌握手里的每个部分。"

从已经引用的观点和我听到的许多观点中可以明显看出，艺术家不会浪费时间做无用的重复工作。他们充分认识到，一个作品直到背清楚之后才能真正地被吸收和掌握。当他们选择想学习的作品时，他们会从一开始就马上去记很多东西。而学生练琴时常常是没有明确目的的：如果他们也这样去做，会省下许多宝贵的时间。音乐背后的音乐表达的能力会随着经验而越来越强，就像任何其他能力随着不断努力而增长一样。

相反，演奏一部作品时，你为什么不在一开始就让其成为自己的作品？要反复仔细地读谱，就像拍照片一样把谱子印在脑海里。拉斯金说："要养成斟酌文字的习惯。"我们可以同样将这句话用于音符。带着目的性仔细去斟酌那些乐句时，只需要几眼的功夫就能将它记住。练琴时不断地盯着乐谱一遍又一遍地去弹，而没有试图在头脑中牢牢地记音乐，只是一种偷懒和惰性的表现。

身为老师，我经常遇到一些学生和老师，很少或根本不去背谱。有些人甚至不赞成背谱这件事情，尽管我很难想象怎么会有一个头脑清醒的人反对背谱演奏这件事。真正彻底掌握一首作品的唯一方法就是将它牢记于心。

坚持做必要的复习

一旦练熟了一部作品，必须常常拿出来复习使曲目不被忘记。职业演奏家在精心练琴的时段里通常都会制定一个复习计划，使所有作品可以至少每周温习一次。其中一位艺术家建议，一周以古典作品开始，以现代作品和音乐会曲目结束。每一天都会有明确的任务。对这些曲目，不仅要从头到尾过一遍，还要真正去自我检查，所有薄弱的地方都应该拿出来做许多的慢练和精细练习。对于那些在巡回期间的演奏家来说，如果说规律的练习比较困难或无法实现，那么他们总是会随身携带乐谱，并会随时随地学习乐谱、自我检查、打磨乐句、思考音乐效果。

对于那些希望成为钢琴家的人，我会对他们说："不断使用自己的大脑，保持记忆力的活跃。学习作品时永远背谱；循序渐进地来，一次练一部分。这样每天都会进步，慢慢地，你的曲目库就越来越大了！"

Ⅴ. 钢琴演奏中的节奏和音色

一些人会问，如何将节奏和音色这两个对立的事物联系起来。这两个事物，一个属于钢琴弹奏中机械性的部分，而另一个属于感觉上的、诗意的、深情的部分。然而，这两个事物最初出现时并没有相距甚远，因为后者的美丽和多样很大程度上取决于对前者的掌握。你必须有节奏地弹奏，之后才能深情地弹奏；你必须先卡上节拍，之后才能尝试通过任何的节奏变化来表达色彩和情感。一个取决于另一个，因此节拍和节奏是首先要考虑的；当这些都得到很好的控制之后，我们就可以走得更远，进入音色变化这个更深奥的学习部分。

节奏是钢琴家最重要、不可或缺的能力之一。可以说，拥有良好的节奏感是艺术家与业余爱好者截然不同的一点。后者把在任何时间和地点打破节奏视为平常；而艺术家通常会认真对待这类事情，因为他对节拍、节奏的感觉更强。完美的节奏感往往是艺术家与生俱来的，是他的天赋，又通过自己后天不断地付出努力，才达到了如此高的成就。他也许从未在钢琴道路上遇到过节奏困难的问题，而许多业余爱好者则需要不断地应对节拍和节奏的问题。

节拍器

当我们向演奏家提出使用节拍器这个辅助机器来培养学生节奏感的问题时，并不总是会得到赞成的响应。艺术家需要拥有与生俱来的节奏感，因此他们对机械的节拍器没有太大的兴趣。约瑟夫·霍夫曼对节拍器的谴责可能是由于他天生的节奏感和音乐感觉；然而，他的话无疑对许多学生产生了影响，他曾说缺乏节奏感的学生会因为使用节拍器练习而受益匪浅。

当被问及对节拍器的看法时，戈多夫斯基回答说："我肯定赞成使用它；我甚至在我的钢琴演奏著作《提升系列》（*Progressive Series*）中写了一章关于节拍器的内容。"埃德温·休斯说："如果学生先天的节奏感比较差，那么节拍器是最好的练习帮手，要坚持每日使用这个工具进行练习，直到产生明显的效果。那种机械的节奏感，每小节标准地打三下或者四下，能帮助学生对音符进行正确的分组，只要学生足够有耐心，就可以使用

366

这个办法练习。但是，对于肖邦的玛祖卡或维也纳华尔兹这类曲目，需要把握更精细的节奏，因此学习者必须有很强的节奏感才行。"

根据他们自己的说法，受莱谢蒂茨基影响并使用其教学方法的艺术家和教师通常赞成使用节拍器。事实是，身为教师，他们经常发现学生在节奏感和数拍子方面的不足，于是不得不采取让学生恪守节拍的办法，来帮助他们解决在节奏理解上的不足。

因此，正确使用而非滥用节拍器对于建立牢固的节奏感有很大帮助。下面让我们把讨论转向一个引人入胜的主题——音色。

音色

当德·帕赫曼证实他会使用特定的手指去达成某种特定的声音效果时，这个想法被认为是这位古怪的钢琴家惯有的爱好之一。然而，其他一些演奏者也会有同样的想法，并且以同样的思路弹琴——特定的指法决定了音色的效果。例如，你可能无法连续使用被涂尔·伯纳姆称为"冷淡的手指"的第五根手指弹奏富有表现力的旋律。他反而会用第三根手指"温暖的手指"来弹奏深情的旋律。

音色变化

那些渴望弹奏出动人音乐的钢琴家必须不断寻找音色变化，去找到声音的色彩。这些可以通过音阶、和弦、琶音和其他技术练习形式进行学习。演唱者追求有共鸣的声音，而不是僵硬、干瘪的声音。对于钢琴家而言，他们也试图以同样的方式在自己的演奏中发现音色和声音变化。哈罗德·鲍尔认为，我们所说的好的音色只有在一个音和其他一些音相关联的情况下才能够成立。如果对于某个音的表达处理是处在正确的音乐环境之中的，那么不管多么刺耳，它都可能是好的音色效果。通过光影对比、音乐层次、不同方式的触键以及各种细微的音乐效果等来进行有表现力的弹奏，是一门伟大的艺术，也是迄今为止，只有最有天赋的大师才能达到的完美艺术境界。这也正是帕德雷夫斯基的演奏以及加布里洛维奇的绝美音色吸引我们的原因。霍夫曼的演奏是气氛和色彩的奇迹，这样的演奏简直就是给学生的示范课，是关于光影变化、声音色彩变幻的重要的一课。

敏感的音乐家极易受到自然界、艺术作品或一些客观物品的色彩效果的影响。某些颜色吸引着他，因为他认为它们与他努力想要表现出的音乐色彩效果有着密切联系。对其他颜色他们无感，也许是出于相反的原因。绚丽的红色是一种象征战争的颜色，在肖邦的"军队"波兰舞曲和麦克道威尔的波兰舞曲等作品中就有着这样的色彩表现。在演奏这类音乐时，我们不禁看到、感觉到红色。爱情音乐是柔粉色和玫瑰红，夜曲和一些以夜晚为题材的作品是温柔的蓝色和灰色，这些正是一些音乐和色彩之间的联系。黄色和金棕色的温暖色调暗示着初秋的气氛，而细腻或生动的绿色则让人想到春天和甜美的夏天。莫扎特的某些作品似乎给我们带来了夏季景观，C小调幻想曲和田园变奏曲就是这种类型的作品。

　　阿图尔·霍克曼说："色彩对我而言意义深刻。许多颜色都是那么美：层次丰富的红色，金光闪闪的黄色，饱满温暖的棕色，温柔如水的蓝色。钢琴家也可以像画家一样用色彩描绘出精妙绝伦的作品。对我来说，暗红色代表着一种内心深处的柔软神秘的感觉。另一方面，闪烁的黄色透露着愉悦和明亮的情感。"

　　有人说，钢琴弹奏者应该学习色彩效果，从而在钢琴弹奏中表现它们。剧场或歌剧院有着特别的学习优势，因为在那里人们有可能看到最极致的光影变化、色彩变化以及不断变化的动作和情感。

聆听优秀的声乐演唱也会使钢琴弹奏者收获颇多。听到"所有乐器中最伟大的乐器"——人类声音所产生的无限丰富的音色层次时，钢琴家可以获得许多关于音色的想法。

简言之，钢琴弹奏者可以从许多不同的途径和媒介汲取经验、音乐感觉和情感，从而激发弹奏乐器时所想要唤起的音色。他的感知越敏锐，他的付出、遭遇和经历越多，他就越能通过他所选择的媒介——钢琴将其表达出来！

图书在版编目(CIP)数据

钢琴启示录:31位钢琴家的经验之谈/(美)哈利埃特·布劳尔(Harriette Brower)著;倪宇新译.—桂林:广西师范大学出版社,2022.9
ISBN 978 – 7 – 5598 – 5165 – 9

Ⅰ.①钢… Ⅱ.①哈… ②倪… Ⅲ.①钢琴–演奏家–世界–访问记 Ⅳ.①K815.76

中国版本图书馆 CIP 数据核字(2022)第 124714 号

钢琴启示录:31位钢琴家的经验之谈
GANGQIN QISHILU:31 WEI GANGQINJIA DE JINGYAN ZHI TAN

出 品 人:刘广汉
责任编辑:徐 妍
封面设计:李婷婷

广西师范大学出版社出版发行

(广西桂林市五里店路9号   邮政编码:541004)
(网址:http://www.bbtpress.com)
出版人:黄轩庄
全国新华书店经销
销售热线:021 – 65200318   021 – 31260822 – 898
山东韵杰文化科技有限公司印刷
(山东省淄博市桓台县桓台大道西首   邮政编码:256401)
开本:787 mm × 1 092 mm   1/32
印张:12   字数:200 千字
2022 年 9 月第 1 版   2022 年 9 月第 1 次印刷
定价:48.00 元

如发现印装质量问题,影响阅读,请与出版社发行部门联系调换。